高职高专经管类专业核心课程教材

商务礼仪

杨清华　郑立　王春英　主编

清华大学出版社
北京

内容简介

本书分十个章节,全面系统地介绍了商务礼仪的相关知识,对商务个人形象礼仪、商务交往礼仪、职场事务礼仪、商务活动礼仪、商务仪式礼仪、商务宴请礼仪、商务休闲礼仪、求职面试礼仪、国际礼俗文化等内容进行了全面阐释。

本书在内容和体例的编排上,既注重理论知识的阐述,又重视情境实训的设计,将理论和实践紧密衔接,注重拓展教学内容的深度和广度。

本书可作为高职院校经济管理类专业商务礼仪课程的教学用书,也可作为其他专业和各类培训机构的教材或相关从业人员提高自身礼仪修养的参考书。

本书封面贴有清华大学出版社防伪标签,无标签者不得销售。
版权所有,侵权必究。举报:010-62782989,beiqinquan@tup.tsinghua.edu.cn。

图书在版编目(CIP)数据

商务礼仪/杨清华,郑立,王春英主编. —北京:清华大学出版社,2021.12
高职高专经管类专业核心课程教材
ISBN 978-7-302-59329-4

Ⅰ.①商… Ⅱ.①杨… ②郑… ③王… Ⅲ.①商务-礼仪-高等职业教育-教材 Ⅳ.①F718

中国版本图书馆 CIP 数据核字(2021)第 207015 号

责任编辑:刘士平
封面设计:常雪影
责任校对:袁 芳
责任印制:沈 露

出版发行:清华大学出版社
网　　址:http://www.tup.com.cn,http://www.wqbook.com
地　　址:北京清华大学学研大厦A座　　邮　　编:100084
社 总 机:010-62770175　　邮　　购:010-62786544
投稿与读者服务:010-62776969,c-service@tup.tsinghua.edu.cn
质量反馈:010-62772015,zhiliang@tup.tsinghua.edu.cn
课件下载:http://www.tup.com.cn,010-83470410

印 装 者:北京同文印刷有限责任公司
经　　销:全国新华书店
开　　本:185mm×260mm　　印　　张:12　　字　　数:266千字
版　　次:2021年12月第1版　　印　　次:2021年12月第1次印刷
定　　价:38.00元

产品编号:092770-01

前言

随着市场经济的发展，商务交往日趋频繁，商务礼仪作为一种特殊的礼仪规范，在现代社会中，对开展商务交流与合作发挥着重要作用。

本书在多年教学改革和实践的基础上，根据学生的认知规律，循序渐进地阐述了商务人员从事商务活动的基本礼仪，力求内容通俗实用，简洁明了，具有以下特色。

（1）理论与技能并重。针对高等职业院校教学要求与商务礼仪的学科特点，遵循基本知识和基本技能相结合原则，本书设计了"理论专栏+即学即练"教材结构，将基本理论知识和职业技能置于同等重要的位置，在解读商业礼仪理论的同时，展示了实际操作中的有关范例，实现了按照理论教学与注重技能培养的统一。

（2）实用性强。本书从个人形象、商务交往、职场事务、商务活动、商务仪式、商务宴请、商务休闲、求职面试等方面对商务礼仪进行了阐述，能够帮助学生了解、适应就业后可能面对的各类商务场合，习得各种礼仪规范，具有极强的实用性。

（3）综合性强。本书的教学内容不仅囊括了各种商务场合中的社交礼仪，还包含了商务交往中必备的协调合作能力、沟通交流能力、问题处理能力以及心理调适能力等职业素质，能够帮助学生综合提升个人职业能力。

本书由福建船政交通职业学院的多位教师编写。福州漂洋过海电子商务有限公司总经理、启迪之星（福州）创业孵化基地创业导师郑华锋从礼仪专业和实际工作的角度，对教材的编写进行了指导。本书由杨清华、郑立、王春英担任主编，具体编写分工如下：杨清华负责拟订提纲和全书的统编定稿，并编写第一章、第五章、第七章；王凤英编写第二章；郑立编写第三章、第四章；林洁莹编写第六章；王春英编写第八章、第九章；林桂珠编写第十章。

本书配备了"即学即练"栏目的参考答案、课件、配套题库等丰富的教学资源，方便教学选用。

本书引用了国内外优秀教材和相关资料中的一些内容和研究成果，恕不一一详尽说明，仅在参考文献中列出，在此谨向有关作者致以衷心的感谢！

由于编者水平有限，书中难免有疏漏、不妥之处，望广大师生与读者批评、指正！

编　者
2021 年 6 月

目 录

第一章　商务礼仪概述 ……………………………………… 1
　　第一节　礼仪的含义与发展 …………………………… 2
　　第二节　商务礼仪的特征、原则与作用 ……………… 5
　　第三节　商务人员的礼仪修养 ………………………… 8

第二章　商务个人形象礼仪 ………………………………… 13
　　第一节　仪容礼仪 ……………………………………… 14
　　第二节　仪表礼仪 ……………………………………… 18
　　第三节　仪态礼仪 ……………………………………… 24

第三章　商务交往礼仪 ……………………………………… 34
　　第一节　称呼与介绍 …………………………………… 35
　　第二节　握手与致意 …………………………………… 39
　　第三节　名片的使用 …………………………………… 42
　　第四节　其他见面礼仪 ………………………………… 45

第四章　职场事务礼仪 ……………………………………… 50
　　第一节　办公室礼仪 …………………………………… 51
　　第二节　接访与馈赠礼仪 ……………………………… 54
　　第三节　行进间礼仪 …………………………………… 61
　　第四节　通信礼仪 ……………………………………… 65

第五章　商务活动礼仪 ……………………………………… 73
　　第一节　商务会议礼仪 ………………………………… 74
　　第二节　商务洽谈礼仪 ………………………………… 79
　　第三节　商务展览会礼仪 ……………………………… 82
　　第四节　新闻发布会礼仪 ……………………………… 85

第六章　商务仪式礼仪 ……………………………………… 90
　　第一节　开业仪式 ……………………………………… 91
　　第二节　剪彩仪式 ……………………………………… 96
　　第三节　签字仪式 ……………………………………… 100

第七章　商务宴请礼仪 …… 106
第一节　中餐宴请礼仪 …… 107
第二节　西餐宴请礼仪 …… 114

第八章　商务休闲礼仪 …… 124
第一节　酒会礼仪 …… 125
第二节　茶会礼仪 …… 129
第三节　沙龙礼仪 …… 132

第九章　求职面试礼仪 …… 137
第一节　求职面试的准备 …… 138
第二节　面试礼仪 …… 142
第三节　求职面试的后续工作 …… 152

第十章　国际礼俗文化 …… 156
第一节　亚洲主要国家商务礼俗与禁忌 …… 157
第二节　欧洲主要国家商务礼俗与禁忌 …… 165
第三节　美洲主要国家商务礼俗与禁忌 …… 172
第四节　非洲及大洋洲主要国家商务礼俗与禁忌 …… 178

参考文献 …… 184

第一章 商务礼仪概述

【学习目标】

知识目标

- 了解礼仪的含义与发展。
- 掌握商务礼仪的特征与作用。
- 理解礼仪修养的含义。

技能目标

- 在商务活动中能够遵从商务礼仪的基本原则。
- 掌握商务人员提高自身礼仪修养的方法。

【本章知识结构图】

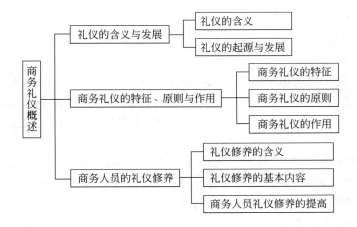

【案例情景】

日本有一家叫木村事务所的企业想要扩建厂房,他们看中了一块近郊土地,意欲购买,同时其他几家商社也想购买这块土地。可是董事长木村前后半年多次登门,费尽口舌,该块土地的所有者——一位倔强的老太太,说什么也不卖。

一个下雪天,老太太进城购物顺便来到木村事务所,她本意是想告诉木村先生死了这份心。老太太推门刚要进去，突然犹豫起来，原来屋内整洁干净，而自己脚下的木屐沾满雪水，肮脏不堪。正当老太太欲进又退之时，一位年轻的小姐出现在老人的面前："欢迎光临！"小姐看到老太太的窘态，马上回屋想为她找一双拖鞋，不巧正好没有了。小姐便毫不犹豫地把自己的拖鞋脱了下来，整齐地放在老人面前，笑着说："很抱歉，请您穿这个好吗？"老太太犹豫了：她不在乎脚冷？"别客气，请穿吧！我没有什么关系。"等老人换好鞋，小姐才问道："请问我能为您做些什么？""哦，我要找木村先生。""他在楼上，我带您去。"小姐像女儿扶着母亲那样小心翼翼地把老太太扶上楼。

于是，老人就在要踏进木村办公室的一瞬间改变了主意，决定把地卖给木村事务所。那位老人后来告诉木村先生说："在我漫长的一生里，遇到的大多数人是冷酷的。我也去过其他几家想买我的地的公司，他们的接待人员没有一个像你这里的小姐一样对我这么好，你的女职员年纪这么轻，就对人那么善良、体贴，真令我感动。真的，我不缺钱花，我不是为了钱才卖地的。"就这样，一个大企业家倾其全力交涉半年也徒劳无功的事情，竟然因为一个女职员有礼而亲切的举动无意促成了，真是奇妙至极。

【理论专栏】

礼仪是人类文明和社会进步的重要标志，是现代人必须具备的基本素质。商务礼仪是商务人员的行为准则和道德规范，是商务活动中不可缺少的外交语言。它反映出一个社会组织乃至整个社会的行为特征和文明程度，同时，它也能体现出商务人员本身的修养、涵养、教养和素质水平。

第一节　礼仪的含义与发展

一、礼仪的含义

在西方，"礼仪"一词，源于法语的"etiquette"，原意是一种长方形的纸板，上面书写着进入法庭所应遵守的规矩、秩序。因而，这纸板就被视为"法庭上的通行证"。当"etiquette"一词进入英文后，就有了"礼仪"的含义，有规矩、礼节、礼仪之意，成为"人际交往的通行证"。

随着社会的发展，礼仪一词的含义逐渐独立出来，明确起来。简单地说，"礼"，即礼貌、礼节；"仪"，即仪表、仪态、仪式、仪容。总之，礼仪是表示敬意的通称，渗透在人们的日常生活中，它指导着人们的行为，是人们在社会生活中处理人际关系并约束自己的行为以表示对他人尊重的准则。

礼仪作为一种行为规范和行为模式，在人类社会生活的各个方面都发挥着重要作用。

二、礼仪的起源与发展

我国一直有礼仪之邦的美誉，各方面的礼仪传统源远流长。

（一）礼仪的起源

礼仪起源于原始社会的中晚期。彼时的原始人，开始用树皮、秸草缝制衣服，以遮羞御寒；共同狩猎，均等分配食物；把贝壳穿起来挂在脖子上用以装饰自己；族人死了，举行原始的宗教仪式，等等。

当时，人们囿于认识水平，对自然界的变幻莫测深感敬畏和无助，为了避免受到伤害，便虔诚地向神鬼跪拜敬礼，祈求免灾降福，从而产生了我国古人以祭天、敬神为主要内容的"礼"的雏形。随着人类社会的发展，人们表达敬畏的祭祀活动日益频繁，逐步形成了各种程序与形式，这就是最初的礼仪。后来，人们将事神致福活动中的一系列行为，扩展到了各种人际交往活动中，把最初的祭祀之礼扩展到社会各个领域，形成各种各样的礼仪。

到了新石器时代晚期，人们在交往中已经注重尊卑有序、男女有别了。在房子里，家庭成员按照长幼席地而坐，老人坐中间，小辈坐两边；男人坐左边，女人坐右边。他们用两根中柱把主室分为两个半边，右边中柱是女柱，左边中柱是男柱，男女成年时在各自的柱子前举行成人仪式。这种礼仪在今天的纳西族中仍然被传承。

炎黄时期，传统礼仪已渐至严密，且逐渐被纳入礼制的范畴。氏族社会的交际礼仪向阶级社会的交际礼仪逐步过渡。尧舜时代，国家已具雏形，同时，民间交际礼仪得到了进一步发展。延续几千年的重要礼仪，如拜、揖、拱手等，广泛运用于社交活动中。由以上可见，早在原始社会，礼仪文化已在中华大地深深地扎下了根。

📝礼仪小故事

我国东北的鄂伦春族，在中华人民共和国成立前仍沿袭着原始社会的一些礼仪规范。例如，他们相信万物有灵；他们对熊的崇拜，正像某些汉族人对龙的崇拜一样，十分虔诚。打猎归来，若捕到了熊，大家都要伤心地痛哭一场，吃完熊肉后，还要再哭一次。

（二）礼仪的形成与发展

礼仪世代相传，并随着社会政治、经济状况的发展而不断变化，自夏朝建立到现在，已有4000多年的历史。

1. 礼仪的形成

在夏朝，中国开始从原始社会向奴隶社会过渡，此时的尊神活动日渐升温。进入奴隶社会后，统治阶级为了巩固自己的统治地位，把原始的宗教礼仪发展成符合奴隶社会政治需要的礼制，"礼"被打上了阶级的烙印。在商朝，"礼"主要用于祭祀祖先和天神。

西周继承了夏商之"礼"，并赋予"礼"新的内容。周武王的兄弟周公，制礼作乐，将人们的行为举止、心理情操等纳入一个尊卑有序的模式。在这一阶段，中国形成了比较完整的礼仪制度。彼时的礼仪典籍甚多，如后世称道的"三礼"著作：《仪礼》《周礼》《礼记》。

"三礼"的出现，标志着"周礼"已达到了系统、完备的阶段，礼仪的内涵，也由单纯的祭祀活动，跨入了全面制约人们行为的领域。而周公提出的所谓"礼仪三百""威仪三千"，更是将"礼"推崇到高于一切的地步。

周朝后期,礼仪开始分流,礼仪制度成为国礼,交际礼仪所在的礼俗逐渐成为家礼。然而,西周末期,王室衰微,诸侯纷起争霸,到了东周王朝已无力恪守传统礼制,出现了所谓"礼崩乐坏"的局面。

礼仪小知识

《仪礼》的主要内容是阐述冠、婚、丧、祭、射、乡、朝、聘八礼,多为礼俗。

《礼记》的主要内容是阐述礼仪的作用和意义。

《周礼》的主要内容是"五礼"及以官制为基础的车马服饰、饮食起居、宫室道路之制度。

所谓"五礼",就是吉、凶、宾、军、嘉礼的总称。

(1) 吉礼,是祭祀之礼,祈神赐福,求吉祥如意。

(2) 凶礼,是别人遇到不幸时的哀悯、吊唁、抚恤之礼。

(3) 宾礼,是接待宾客之礼。

(4) 军礼,是军队操演、征讨伐战之礼。

(5) 嘉礼,是融洽人际关系,沟通、联络人们感情的礼仪。

2. 礼仪的发展

春秋时期,三代之礼在许多场合废而不行,一些新兴利益集团开始创造符合自己利益和社会地位的新礼。以孔子、孟子、荀子等为代表的学者,系统地阐述了礼的起源、本质和功能,在理论上全面而深刻地论述了社会等级秩序及划分的意义,以及与之相适应的礼仪规范、道德伦理等,整理了一整套珍贵的礼仪典籍和论述资料。

秦、汉至清末,都是以儒学为基础的封建礼仪,突出君臣、父子、兄弟、尊卑、贵贱关系形成的典制传统。这一时期的"礼"以尊君抑臣、尊夫抑妇、尊父抑子、尊神抑人为重要特征。在漫长的封建社会中,统治阶级运用这些礼仪,制约人们的行为,调节、润滑人际关系,达到国泰民安的目的,这些礼仪也成了平民百姓的精神枷锁。

礼仪小知识

"三纲五常"为中国传统礼学之核心。"三纲",即君为臣纲、父为子纲、夫为妻纲。其系统阐发者为西汉思想家董仲舒,他认为"三纲"为天意之体现,强调"君臣、父子、夫妇之义"是永恒不变的社会行为准则,是人人应当遵守的基本社会秩序。"五常",即仁、义、礼、智、信,是儒家提倡的重要道德标准。"三纲五常"对维护传统政治伦理秩序具有极为重要的意义,为历代统治者所承袭。

清朝末年,尤其是辛亥革命以后,资产阶级登上历史舞台,西方文化传入我国,封建文化、传统礼仪制度迅速被摒弃,新兴的科学、民主、自由、平等的观念逐渐深入人心。这一时期的礼仪呈现为一种封建思想加上西方资本主义道德观念的"大杂烩"式的礼仪。

中华人民共和国成立以后,礼仪又有了新的发展。国人渐渐摒弃了昔日束缚人们的"君权神授""愚忠愚孝"以及严重束缚妇女的"三从四德"等封建礼教,确立了同志式的合作互助关系和男女平等的新型社会关系,而尊老爱幼、讲究信义、以诚待人、先人后己、礼尚往来等中国传统礼仪中的精华,则得到继承和发扬。

第二节　商务礼仪的特征、原则与作用

一、商务礼仪的特征

随着时代的变迁，文明也在演变。步入现代社会，商务礼仪的基本特征主要表现在以下几个方面。

（一）规范性

规范性是指人们在待人接物时必须遵守一定的行为规范。这种规范性强调人们在商务活动中应该怎么做和不应该怎么做，对商务人员的言行举止有详细的规定和要求，成为衡量一个人道德文化修养的一种尺度。

（二）时代性

时代的变革，朝代的更迭，经济的发展，科技的进步，导致文化形态发生相应的变化，从而使礼仪也发生了变化。国家间、民族间经济文化的频繁交流、相互借鉴，也影响着各民族的礼仪发生或大或小的变化，使礼仪显示出一定的时代性。

（三）多样性

不同国家和地区，不同种族和民族，各种礼仪，数量繁多，不一而足。礼仪的内涵与表达方式，也因国家与地区的不同，文化背景的不同和场合的不同而有所不同。不仅如此，有些礼仪所表达的内容，在不同国家和地区大相径庭或全然相反，甚至在一个国家的不同地区有不同的含义。

礼仪小故事

一家美国公司和一家德国公司合作，为了加强联系，两家公司互派工程师见面会谈。在双方见面握手时，美方工程师的另一只手插在口袋里，德方工程师的手只轻点了一下对方的手。

后来有一天，美方工程师和德方工程师共同在声音轰鸣的机房内调试一台新机器。美方工程师说："增强压力。"德方工程师把压力增强，并问："怎么样？"美方工程师伸出手做了一个"OK"的手势，但是德方工程师看到后一下子呆住了，脸色变得很难看，而且气呼呼地走了。美方工程师感到很纳闷。德方工程师找到他们的上司，愤怒地说："我绝不同美国工程师合作了！"为了弄清事情的真相，经理让德方工程师说一下情况，听完他的讲述，公司经理明白了，原来美国人经常做的"OK"手势，对于德国人来说，竟然是"笨蛋"的意思。

（四）共通性

尽管商务礼仪有特异性，但从商务活动自身的规律来看，商务礼仪有共同遵循的规范与准则，如谢谢、对不起、再见等礼貌用语，各种庆典仪式、签字仪式的流程等。这种共通性使国家之间、民族之间、地区之间的商务往来有了通行的基础和条件。

礼仪小故事

一位出国探亲的女士在挪威首都奥斯陆的公交站台等车，排在她前面的是一个七八岁的小男孩。小男孩因为口渴而离开队伍去买了瓶饮料，回来后径直站到了队伍的最后。她看见后就招呼他排到她前面来。小男孩摇摇手，羞涩地笑道："不啦，我刚才脱离了队伍，如果再排在那里，是不符合规则的。"

二、商务礼仪的原则

在商务活动中，学习和应用礼仪，有必要在宏观上掌握一些具有普遍性、共同性和指导性的礼仪规律。这些礼仪规律，即商务礼仪的原则。

（一）遵守

在商务应酬中，每个人都必须自觉、自愿地遵守礼仪，以礼仪去规范自己在商务交往中的一言一行、一举一动。对于礼仪，更重要的是学以致用，将其付诸个人的商务交际中。任何人，不论身份高低、职位大小、财富多寡，都应自觉遵照礼仪行事，否则，就会受到他人的指责，商务活动就难以成功。没有遵守商务礼仪，就谈不上礼仪的应用和推广。

礼仪小故事

A国某企业与B国某企业经过多次谈判，终于达成合作意向，准备正式签约。但在正式签约当天，A方却因为种种原因没能准时到场。当A方人员急匆匆赶到签约地点时，B方的签约代表早已等候多时。还没等A方人员解释，B方人员就在向A方人员鞠躬后集体离开了签约现场。

（二）宽容

宽容是一种美德。在商务交往中，由于个人经历、文化、修养等因素而产生的差异不可能消除，这就需要求同存异、相互包容。这一原则要求人们在商务交往中不过分计较对方礼仪上的过失，有容人之雅量，多替他人着想，严于律己、宽以待人。

（三）自律

对商务人员而言，学习、应用礼仪，一个重要的方面是自我要求、自我约束、自我控制、自我对照、自我反省、自我检点，这就是所谓的自律原则。若是没有自律，只求诸人、不求诸己，不讲慎独与克己，礼仪就无从谈起。

📝 **礼仪小故事**

日本是一个经济大国,也是一个高度注重礼仪的国度。在1994年日本广岛的亚运会上,6万人的会场上竟没有一张废纸。全世界的报纸都登文惊叹:"可敬可怕的日本民族!"

(四)适度

在哲学上,"度"是指一定事物保持自己的质的数量界限,超过这个界限就要引起质的变化。商务人员在商务交往中要善于把握沟通时的感情尺度,谈吐举止也要适度。尤其在对待外商时,既要彬彬有礼,又不低三下四;既要热情大方,又不轻浮谄媚,要把握好各种情况下的交往距离及感情尺度。

(五)从俗

在商务活动中,存在着"五里不同风,十里不同俗"的情况。对这一客观现象要有正确的认识,不要自高自大、唯我独尊,简单否定他人不同于己的做法。必要之时,应该入乡随俗,与大多数人的习惯保持一致,切勿目中无人,自以为是,指手画脚,随意批评,否定他人的习惯性做法。做到从俗这一原则,会使礼仪的应用得心应手,更加有助于人际交往。

📝 **礼仪小故事**

美国前总统克林顿出访韩国时,按妇女出嫁后从夫姓的美国习俗,称呼韩国总统金泳三的夫人为"金夫人",成了国际笑料。

在国宴上,克林顿发表演说前,突然叫翻译走近他身旁,站在他本人和坐着的金泳三之间,是又一次失礼。在韩国,女性婚后是保留本姓氏的。在韩国,任何人站在两国元首之间都被认为是一种侮辱。

克林顿两次不经意的失礼,原因在于他的公关顾问未能及时了解韩国的风俗习惯并提醒总统。

三、商务礼仪的作用

(一)内强素质

礼仪不仅反映了一个人的交际技巧与应变能力,而且还反映了一个人的气质风度、阅历见识、道德情操和精神风貌。现代商务人员不可避免地要跟人打交道,即便是日常的商务工作,也要恰到好处地展示自己的气质与修养。教养体现于细节,细节展示素质,一个人的仪容仪表、言谈举止,是其素质的具体体现。学习和运用礼仪,可以全面提高一个人的素质。

（二）外塑形象

一方面，礼仪首先反映的是个人形象。礼仪运用得是否得体和规范，反映了一个人的自身修养和文明程度，反映了商务人员对交往者的尊敬与友好。良好的仪表、风度、谈吐和举止，会给人留下良好的第一印象，对后期的信息产生指导作用。

另一方面，在社会公众的心目中，商务人员是企业的代表，他们的形象是企业形象的"窗口"。商务礼仪可强化企业的道德要求，树立企业的良好形象。因此，每个员工都应重视商务礼仪的学习与运用，塑造良好的企业形象。

（三）增进沟通

运用礼仪，除了可以使个人在商务活动中充满自信、处变不惊之外，还能帮助人们规范彼此的交际活动，更好地向交往对象表达自己的尊重、敬佩、友好与善意，增进彼此之间的了解与信任，达到有效沟通的目的。

（四）提高效益

礼仪是企业的无形资产。在商务交往中，恰当地运用礼仪，使自己的言行得以规范，可以树立良好的企业形象，提高企业的美誉度和知名度，从而帮助企业建立广泛的合作关系，使企业的经济效益和社会效益实现双赢。

📖 礼仪小故事

小李是某公司最精明的推销员之一。一天，一位女士走进他的汽车展销店。"欢迎光临！"小李微笑着说。这位女士兴奋地说："今天是我的生日，想买一辆车作为自己的生日礼物。""祝您生日快乐！"小李热情地祝贺道。随后，他轻声地向身边的助手交代了几句，就领着这位女士边看边介绍。一会儿，助手走了进来，把一束玫瑰花交给了小李。小李把这束漂亮的玫瑰花送给这位女士，并再次对她的生日表示祝贺。那位女士感动得热泪盈眶，当即在小李这儿买了一辆车。

第三节　商务人员的礼仪修养

礼仪与个人的内在修养唇齿相依、休戚相关，一个人的内在修养程度直接影响甚至决定其礼仪水准。浓厚的内在修养与优美的外在表现相得益彰、相映生辉。内外兼修不仅能给工作带来丰厚的回馈，也会给生活带来丰硕的回报。

一、礼仪修养的含义

修养，主要是指人们在思想、道德、学术以至技艺等方面所进行的勤奋学习和刻苦锻炼的功夫，以及经过长期努力所达到的一种品质和能力。礼仪修养，主要是指人们按照一定的礼仪规范要求,在礼仪意识等方面所进行的自我锻炼和自我改造,以及由此形成的良好礼仪品质和礼仪意识。礼仪修养规范着人们的礼仪行为。

孔子有言:"质胜文则野,文胜质则史。文质彬彬,然后君子。"意思是说:一个人具有良好的品德,但不讲究举止、礼节,就显得粗野;只讲究举止、礼节,而没有良好的品德,又显得虚伪。只有既注重常识品德的修养,又讲究仪表礼节、举止文雅,才是值得尊敬的君子。

在商务交往中,要认清自己的社会角色,把自己的角色扮演得恰到好处,处处得体,事事有礼。因此,每一个商务人员都要增强自己的角色意识,明确自己的社交定位,加强自身的礼仪修养,以适应多种社会角色对不同礼仪的要求。

二、礼仪修养的基本内容

商务人员应该具备哪些礼仪修养?英国学者大卫·罗宾逊概括出了从事商务活动的黄金规则,具体可用"IMPACT"一词来概括,即 Integrity(正直)、Manner(礼貌)、Personality(个性)、Appearance(仪表)、Consideration(善解人意)和 Tact(机智)。这些准则可以看作商务人员必备的礼仪修养。

(一)正直

正直是指通过言行表现出诚实、可靠、值得信赖的品质。当个人或公司出于种种原因做出不够诚实之事时,其品质就值得怀疑了。

(二)礼貌

礼貌是指人的举止模式。在与他人进行关键商务谈判时,自身的风度可以向对方表明自己是否可靠,行事是否正确、公正。粗鲁、自私、散漫是不可能让双方的交往继续发展的。

(三)个性

个性是指在商务活动中表现出来的独到之处。一个商务人员可以对商务活动充满激情,但不能感情用事;可以不谦虚,但不能不忠诚;可以逗人发笑,但不能轻率轻浮;可以才华横溢,但不能惹人厌烦。

(四)仪表

仪表是指人们常常下意识地对交往者以貌取人。衣着整洁得体、举止落落大方,是留给商务伙伴良好印象至关重要的因素。

(五)善解人意

善解人意是指商务人员事先预想交谈、写信或电话联系时对方可能有的反应,从而更谨慎、更敏锐地与对方打交道的商务举止。

（六）机智

机智是指在商务活动中面对挑衅,要有智慧,随机应变,不可凭一时冲动行事,应利用自身具有的优势来妥善处理所面临的问题。

礼仪小知识

1968年,美国的心理学家安德森通过研究发现最受人欢迎的性格特征是:①诚恳;②诚实;③了解;④忠心;⑤可信;⑥可依赖性;⑦聪明;⑧关怀细心;⑨体谅;⑩热忱。

三、商务人员礼仪修养的提高

（一）主动接受礼仪教育,培养文明自觉意识

要主动接受商务礼仪知识的教育。通过全面系统地学习礼仪知识和礼仪规范,能够准确把握在不同场合、与不同交往对象交往时应该遵循的礼仪规范和形式。通过礼仪学习和培训,可以分清是非,明辨美丑,懂得常识,树立标准,培养文明自觉意识。

（二）广泛涉猎科学文化,注重内外兼修

一般来说,讲文明、懂礼仪、有教养的人大多是科学文化知识丰富的人。这种人逻辑思维能力强,考虑问题周密,分析事物较为透彻,处理事情较为得当,在人际交往时独具魅力,不会给人以浅薄的印象。因此,要想成为一个有修养、有品位、有风度、有气质、有魅力的人,既要注重外在的训练,更要注重内在的修为。

（三）积极投入交往实践,不断提升礼仪修养

一切礼仪修养,如果脱离了实践,就必然成为空洞的礼仪说教。商务人员在商务交往中要加强礼仪实践,知礼、懂礼,熟练运用不同礼仪。要有意识地训练各种礼仪动作,掌握礼仪运用的技巧,能够在不同场合娴熟自然地展示自己的礼仪行为,使各种礼仪行为成为一种习惯做法。同时,要有意识地克服自己的失礼行为,培养礼仪品质,不断提高礼仪修养。

礼仪修养的提高非一朝一夕就能完成,需要潜心修养、长期坚持。在掌握礼仪知识的同时,还须在实践中琢磨、推敲,从自身做起,从现在做起,持之以恒,养成习惯,使自己的一言一行、一举一动都彬彬有礼。这样才能让个人的修养和素质得到提高,从而促进整个社会文明的发展。

礼仪小故事

曼谷的东方宾馆坐落在泰国首都曼谷风光秀丽的河畔,曾被美国权威的《公共事业投资者》杂志评为世界最佳宾馆。东方宾馆具有120多年的历史,宾馆经理认为:"最佳宾馆是由最佳员工创造的,而最佳员工则是靠严格的培训产生的。"该宾馆的新员工在

上岗前均须经过为期半年的与业务技能相关的礼仪训练。以后每隔一段时间还要进修。宾馆规定,员工不能与客人争吵,否则将立即被解雇。东方宾馆员工的优质服务为宾馆赢得了声誉,树立了良好的形象,引得许多客人慕名而来。

【即学即练】

★ 基本知识

一、判断题

1. 良好礼仪的前提是修身养性,只有内外兼修,才能成为一个真正有礼讲礼的人。　　　　　　　　　　　　　　　　　　　　　　　　(　　)
2. 丰富的内心、完善的性格、广泛的兴趣,本身就是一种良好的礼仪。(　　)
3. 商务礼仪是一种规范,只要一成不变地遵从就能达到目的。(　　)
4. 商务交往中,对待小人物不需要给予尊重。(　　)
5. 敬人者,人恒敬之;爱人者,人恒爱之。(　　)

二、选择题

1. (多选)商务礼仪的特征包括(　　)。
   A. 规范性　　　B. 时代性　　　C. 多样性　　　D. 共通性
2. (多选)商务礼仪的作用是(　　)。
   A. 内强素质　　B. 外塑形象　　C. 增进沟通　　D. 提高效益
3. (多选)商务礼仪的原则,除了"遵守"和"自律"外,还有(　　)。
   A. 宽容　　　　B. 适度　　　　C. 从俗　　　　D. 互动

三、简答题

1. 商务人员应该具备哪些礼仪修养?
2. 商务人员怎样才能提高礼仪修养?

★ 案例分析

李娟大学毕业后到一家企业应聘,面试经理问:"你在家里对你的父母说过'谢谢'吗?"

李娟回答:"没有。"

面试经理说:"你今天回去跟你父母说声'谢谢',明天你就可以来上班了。否则,你就别来了。"

李娟回到家,父亲正在厨房做饭,她悄悄走进自己的房间,面对着镜子反复练习:"爸爸,您辛苦了,谢谢您!"

其实,李娟早就想对父亲说这句话了,因为她知道父亲是多么的不容易:自己两岁时母亲去世,父亲为了不使自己受委屈,没有再结婚,小心翼翼呵护自己长大成人。李娟的心里一直想说"谢谢",但就是张不开嘴。李娟下定决心:今天是个机会,必须说出来!就在此时,父亲喊道:"娟子吃饭了!"

李娟坐在饭桌前低着头,脸憋得通红,半天才轻声说出:"爸爸,您辛苦了,谢谢您。"

李娟说完之后,爸爸没有反应,屋内一片寂静。李娟纳闷,偷偷抬眼一看:她的父亲泪流满面!这是欣喜之泪,这是慰藉之泪,这是企盼了20年的话所带给他的感动之泪。此时,李娟才意识到:自己这句话说得太迟了。

第二天,李娟娟高高兴兴地上班去了。经理看到李娟轻松的神情,知道她已经得到该体会的东西,没有问就把李娟引到了工作岗位上。

问题:

1. 本案例给了你什么启发?
2. 你认为个人应该从哪些方面加强自己的修养?

★ 技能实训

黄同学走到银行柜台前,想查询父母为他寄来的生活费是否已经到账。看到柜台里面的营业员正在低头忙着处理各种账单,他……

实训要求:

(1) 从语言表达和行为举止两个方面讨论,谈谈黄同学应该如何完成咨询事宜。

(2) 分组训练,八人一组,按照银行的工作情境,让每位同学扮演不同角色,根据其处理事情时的言和行,判断其礼仪运用能力。

(3) 规范地演示这个过程,最后由同学评议,教师点评。

第二章 商务个人形象礼仪

【学习目标】

知识目标

- 了解发型的修饰以及面部、手部、腿部和脚部的清洁护理。
- 掌握化妆的技巧。
- 掌握西装、套裙的穿着规范，了解首饰的佩戴礼仪。
- 掌握站姿、走姿、坐姿、蹲姿、手势及表情等仪态礼仪。

技能目标

学会运用仪容、仪表、仪态等的礼仪技巧，展现自己良好的教养和优雅的风度，从而顺利地开展商务活动。

【本章知识结构图】

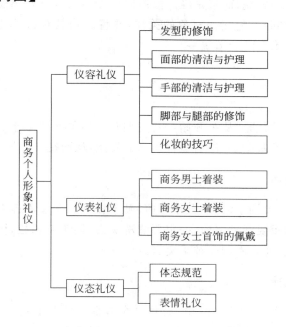

【案例情景】

一天,黄先生与两位好友小聚,来到某知名酒店。

接待他们的是一位五官清秀的服务员,接待服务工作做得很好,可是她却面无血色,显得无精打采。黄先生一看到她就觉得她心情欠佳,仔细观察才发现,这位服务员没有化工作淡妆,在餐厅昏黄的灯光下显得病态十足。

上菜时,黄先生又突然看到传菜员涂的指甲油缺了一块,他的第一个反应就是"不知是不是掉我的菜里了"。但为了不惊扰其他客人用餐,黄先生没有将他的怀疑说出来。

用餐结束后,黄先生唤柜台内服务员结账,而服务员却一直对着反光玻璃墙面修饰自己的妆容,丝毫没注意到客人的需要。

自此以后,黄先生再也没有来过这家酒店。

【理论专栏】

人们经常会因为第一印象而形成对他人的评价,会根据他们的穿着、言行、身体姿势来判断他的社会地位或受教育程度,会更加尊重和信赖那些注重自己形象的人,因为礼仪就是修养,修养就是魅力。所以,形象是商务人员事业成功的一个重要因素,一个成功的商务人员形象,展示给客户的是自信、尊严、力量、能力和诚恳,一举手一投足都散发着成功商人的魅力。

第一节 仪容礼仪

仪容主要是指人的容貌,而且是经过修饰以后能给人以良好感受的容貌。在商务交往中,每个人的仪容都会引起交往对象的关注,并将影响其对自己的整体评价。仪容之美体现了自然美和修饰美的和谐统一。

一、发型的修饰

人们观察一个人往往是"从头开始"的,发型常会给他人留下十分深刻的印象。商务人员应该在头发清洁的基础上,修剪适合自己的发型,从而提升个人气质与魅力。

(一)头发的整洁

保护头发的整洁,要勤于清洗,勤于修剪,勤于梳理。头发不能有异味,不能打结,不能有头皮屑。在参加重要活动之前,一定要清洗头发,使头发蓬松,因为蓬松的头发可以提升面部肤色的亮度,使人看起来神采奕奕。

(二)发型的选择

发型不仅反映着个人修养与品位,而且是个人形象的核心部分。对商务人员来说,发型风格以庄重、简约、典雅和大方为主。主要考虑以下因素。

1. 性别

商务男士头发要清洁,长度要适宜。一般不宜理成光头,也不宜留得过长;要剃鬓角,以显得儒雅而精神、精明干练。不允许留络腮胡子和小胡子。

女性在商务活动中,头发长度不过肩,更不允许披头散发,最好对其稍加处理,如扎马尾辫或是把头发盘起,配以格调雅致的深色发饰。不要将头发染成怪异的颜色,不留怪异的新潮发型。

2. 脸型

饰发的目的也是为了仪容的美观,因而要与脸型相配合才能产生整体美。

(1) 三角形脸。这种脸型使人显得比较消瘦,将头发散下来可以显得更丰润一些。

(2) 长方形脸。适合的发型是斜角的刘海或两旁较浓密的发型,可产生阔度上的错觉。

(3) 正方形脸。方形有腮骨是显著的特征。适合的发型是一排横过眼眉的小束形刘海,弱化方角感,卷曲和波纹会转移别人对面部轮廓的视线。

(4) 圆形脸。可选择垂直向下的发型。

(5) 椭圆形脸。许多发型都能衬托这样的脸型,关键就在简单,而不应选蓬松的发型,以免破坏完美的脸型。

3. 年龄

商务人员选择发型要结合年龄阶段,忌讳选择以不变应万变的发型,如 40~50 岁的女性梳理成 20 岁姑娘的"马尾式"发型,就显得不合适。选择的发型与年龄不协调,会让人产生抵触和反感,这是应该注意的一点。

二、面部的清洁与护理

面部的清洁与护理是体现仪容礼仪直接而又重要的一个方面。

(一) 面部的清洁

商务人员经常出差在外,面部的清洁对展现个人及企业的形象是非常重要的,这样的小细节有时候会决定商务活动的成败。面部的清洁要注意以下两点。

1. 清洁顺序

面部清洁顺序要从皮脂分泌较多的"T字区"开始,用指尖轻揉皮脂腺分泌旺盛的额头、鼻翼及鼻梁两侧,嘴巴四周也要清洗。脸部是否仔细洗净,重点在于是否注意细小的部位。

2. 清洁细节

清洗时要记得脖根、耳后也要仔细洗净,尤其是男性商务人员应该注意,雪白的衬衫衣领对比带有污垢的脖子会充分地暴露出个人的邋遢。

(二) 面部的护理

1. 女士面部的护理

女性在卸妆及洗脸去除污垢后,皮肤会显得干燥、缺少弹性。要使肌肤恢复原来的状态,可用化妆水补充水分,使皮肤变得柔软,接着使用乳液或面霜充分滋润肌肤,使肌肤持久水盈柔润。

2. 男士面部的护理

男士要注意定期修剪鼻毛,切忌让鼻毛露出鼻腔。男士的胡须长得很快,需要每天剃须、修面。

三、手部的清洁与护理

商务人士的双手应当以干净卫生、雅观为其要旨,具体要求如下。

1. 双手要勤洗

与洗脸相比,双手更要勤洗。

2. 双手要保洁

手部不仅要勤洗,而且还要精心照料,不要让手部红肿、粗糙、长疮等。

3. 不留长指甲

商务人士应养成定期修剪指甲的良好习惯,一般三天修剪一次。

4. 不染指甲

工作时指甲不宜涂抹彩色指甲油,这主要是针对女士来说的。适量使用无色指甲油,对保护手指甲是有益的。

5. 隐藏腋毛

腋毛在正式场合不宜为外人所觉察。一般认为,女士在正式场合穿着的衣袖应以不露腋窝为宜,背带裙、背心、无袖装及袖口宽松肥大的上衣等都不宜穿着,否则会影响美观。

四、脚部与腿部的修饰

(一)脚部的清洁与护理

在正式的商务场合,不允许光脚穿着皮鞋,使脚部过于暴露的鞋子(如拖鞋、凉鞋等)也不能穿。注意保持脚部的卫生,保证无臭气。在非正式场合光脚穿鞋子时,要确保脚的干净、清洁。脚指甲要勤于修剪,最好每周修剪一次。

商务场合职业女性脚趾涂的指甲颜色鲜艳会让人感觉俗气,不雅观。非正式场合没有限制。

(二)腿部的穿着

1. 腿部着装

在正式场合,不允许男士暴露腿部,即不允许男士穿短裤;女士可以穿着长裤、裙子,但不得穿着短裤,或暴露大部分大腿的超短裙。女士在正式场合穿裙子时,光着大腿不穿袜子是不雅观的,还要避免穿着短袜出现"三截腿"的现象。

2. 汗毛的遮掩

成年男子一般腿部的汗毛很重,在正式场合不允许穿着短裤或卷起裤管。

女士的腿部汗毛如果过于浓密,应脱去或剃掉,或选穿着深色丝袜,加以遮掩。没有剃掉或脱掉浓密的汗毛之前,忌光腿或穿颜色过浅的丝袜。

礼仪小故事

王先生要雇用一名没带任何介绍资料的小伙子到他的办公室做事。王先生的朋友觉得很奇怪。王先生说:"其实,他带来了不止一封介绍信。他在进门前先蹭掉脚上的泥土,进门后又先脱帽,随手关上了门,这说明他很懂礼貌,做事很仔细;当看到那位残疾老人时,他立即起身让座,这表明他心地善良,知道体贴别人;那本书是我故意放在地上的,所有的应试者都不屑一顾,只有他俯身捡起,放在桌上;当我和他交谈时,我发现他衣着整洁,头发梳得整整齐齐,指甲修得干干净净,谈吐温文尔雅,思维十分敏捷。怎么,难道你不认为这些细节是极好的介绍信吗?"

五、化妆的技巧

化妆是一门艺术。在商务场合,适度、得体的妆容是一种礼貌,也是自尊、尊人的体现。

(一) 化妆的基本要求

1. 美化

修饰得当,适度矫正,扬长避短,力戒怪异。

2. 自然

自然、不露痕迹的化妆是最佳的美容效果。只有达到"清水出芙蓉,天然去雕饰""妆成有却无"的境界,才是真正自然的体现,也是化妆高水准的体现。

3. 协调

化妆品的使用要协调,化妆后的各部位颜色要协调,妆容需要与衣着和饰品相协调。

(二) 化妆的一般步骤

进行一次全套的化妆,大体步骤如下。

(1) 洁面,润肤。用洗面奶去除油污、汗水和灰尘,保持面部清洁。然后扑打化妆水,将少量的护肤霜在面部涂抹均匀,以保护皮肤免受其他化妆品的刺激,为面部化妆做好准备。

(2) 涂敷粉底。在面部的不同区域使用深浅不同的粉底,以修饰脸形,突出五官,使脸部产生立体感。完成之后,再用少许定妆粉来固定粉底。

(3) 修饰眼部。先画眼影,根据不同的服饰、场合,确定眼影的颜色,再画眼线、修饰睫毛,然后根据脸形修剪眉形,眉弓的位置按照标准应在眉尾占全部眉毛的三分之一的位置。

（4）美化鼻部。画鼻侧影，以改变鼻形。

（5）打腮红。打腮红的目的是为了修饰、美化面颊，使人看上去容光焕发。注意选择合适的颜色，扑打在合适的位置，小孩涂在脸蛋上，成人涂在颧骨上。

（6）修饰唇部。先用唇线描出合适的唇形，然后填入色彩适宜的唇膏，使红唇生色，更加美丽。

（7）喷涂香水。正确使用香水的位置有两个：一是离脉搏跳动比较近的地区，如手腕、耳根、颈侧、膝部、踝部等处；二是既不会污损衣物，又容易扩散出香味的服装上的某些部位，如内衣、衣领摆的内侧，以及西装上所用的插袋巾的下端。

（8）修正补妆。全套化妆彻底，检查化妆的效果，进行必要的调整、补充和矫正。

以上八个步骤可以称为商务人员化妆的基本步骤。

（三）化妆的禁忌

1. 不要在众人面前化妆

不要在众目睽睽之下化妆。化妆或补妆可以去化妆间或卫生间。一旦发现妆面残缺，要及时补妆，努力维护妆面的完整性。

2. 不要随意借用别人的化妆品

随便使用别人的化妆品，等于侵入别人最隐秘的私人空间。而且，直接接触皮肤的化妆品、化妆用具最易带有个人细菌，容易传播疾病。

3. 不要议论别人的妆容

每个人都有自己的情趣和化妆手法，不要对他人的妆容品头论足。

4. 避免过量使用芳香型化妆品

工作场合只适宜淡香型、微香型号的护肤品和香水，避免给人以轻浮感。

第二节 仪表礼仪

广义的仪表是指人的外表，包括容貌、姿态、服饰、风度、个人卫生等，狭义的仪表特指人的衣着和饰物。一个人的仪表不但可以体现他的文化修养，还可以反映他的审美情趣。仪表是商务人员精神面貌的外在表现，良好的仪表也是尊重对方、讲礼貌的具体表现。

一、商务男士着装

（一）西装

西装是全世界流行的一种服装，也是商界人士在正式场合的优先选择。尤其在略微庄重的场合，全身颜色一致的西装更为正式。

1. 西装的选择

西装的外观造型有欧式、英式、美式和日式四种造型。欧式西装呈现倒梯形，特点是肩宽胸饱领大,多为双排扣形式,后摆不开衩;英式西装剪裁得体,多为单排扣,后摆两侧开衩;美式西装线条柔和,自然垫肩,以2～3粒扣的单排为主,后摆中间开衩;日式西装领窄短,呈"H"型,多为单排扣,后摆不开衩。双排扣西装比较时尚,适合西方人着装,而中国人宜选单排扣西装。国内商界人士选择英式和日式为多。

鉴于西装在商务活动中往往作为正装,在一般情况下,以高档毛料为面料的西装应为首选。西装的色彩必须显得庄重、正统。适合于男士在商务交往中所穿的西装色彩,首推藏蓝色。此外,黑色、灰色或棕色的西装亦可予以考虑。

礼仪小知识

西装的纽扣系法有讲究。双排扣西装比较庄重,一般要把扣子系好,不宜敞开。单排扣西装,一粒扣的,系上端庄,敞开潇洒;两粒扣的,只系上面一粒扣——正式;只系下面一粒扣——俗气;两粒都扣上——土气;都不系敞开——潇洒;三粒扣的,系上面两粒或只系中间一粒都合规范要求。

2. 西装的穿着

西装七分在做,三分在穿。穿着西装有一整套严格的礼节。在正式场合穿西装讲究"三个三",即三色原则、三一定律、三大禁忌。

(1) 三色原则。男士在正式场合穿着西装时,身上的颜色不能超过三种颜色或三种色系,不过西装、衬衫、领带、鞋袜的颜色不要完全一样。

(2) 三一定律。男士穿着西装外出时,鞋子、腰带、公文包三者的颜色必须协调统一,最理想的选择是三者皆为黑色,较为庄重。

(3) 三大禁忌。忌穿白袜子和尼龙袜,即鞋袜色调不搭配;忌在正式场合穿着夹克打领带;忌西装袖子上的商标不拆掉。

(二) 衬衫

穿西装,衬衫是个重点。一般来说,穿西装的内搭应当是衬衫。

衬衫的颜色应与西装颜色协调。在正式场合,一般选择棉质的白色衬衫。选衬衫时,领围以合领后可以伸入一个手指头为宜。

与西装相配套的衬衫必须为长袖衫。衬衫的领子必须挺括、整洁、无皱褶,尤其是领口。穿着衬衫时,下摆必须塞在西裤里,袖口必须扣上,不可翻起。系领带时衬衣领口扣子必须系好,不系领带时衬衣领口扣子应解开。

西装穿好后,衬衫领应高出西装领口1厘米左右,衬衫袖长应比西装上装衣袖长出1厘米左右,这就是穿西装的"两一规则"。这样既可以避免西装袖口受到过多的磨损,又可以用白色衬衫衬托西装的美观。

(三) 领带

领带被称为"西装的灵魂",它是西装的重要装饰品,在西装的穿着中起画龙点睛的作用。一般而言,领带是专属于男士的饰物。

1. 领带的选择

男士的领带往往能左右旁人对其身份、地位、信用、个性及能力的观感。正式场合领带的材质以真丝和羊毛的为上乘,涤丝也可选用。颜色以单色或印有斜纹的色彩为主。单色领带中,灰色、红色和蓝色是最常见也最实用的。

2. 领带的打法

常用的领带的打法有平结、交叉结、双环结、温莎结及双交叉结。本章仅介绍温莎结的打法。

因温莎公爵而得名的领带结,是最正统的领带系法,非常漂亮,属于典型的英式风格,打出的结呈倒三角形,饱满有力,适合搭配宽领衬衫,一般用于商务、政治活动等场合。

温莎结的打法是将领带的宽端扣在窄端上方置于另一边,从颈圈下部向上穿过,从窄端下方穿过至另一边。再将宽端从颈圈上部向下穿过,拉紧成结。接着,从正面向左翻折,成环。最后将大端从中区域内侧翻折出来,系紧领带结即可。双结叠加后使领带看上去更笔挺、大气。具体打法如图 2-1 所示。

图 2-1　温莎结的打法

领带打好后,领带结要饱满、挺括、端正,并且在外观上呈倒三角形,与衬衫领口吻合紧凑;领带结具体大小,最好与衬衫衣领的大小形成正比;领带端的大箭头正好抵达腰带扣处。

礼仪小知识

"一拉得"领带不适合在商务场合,特别是正式、隆重的场合使用。

(四)配件

1. 鞋袜

穿西装一定要穿皮鞋,即便是夏天也应如此。和西装搭配的皮鞋最好是系带的、薄底素面的西装皮鞋,皮鞋的颜色要与服装颜色搭配,深色西装可搭配黑色皮鞋,但是要注意棕色系列西装最好是搭配深棕色皮鞋。皮鞋要上油擦亮,不留灰尘和污迹。

穿西装皮鞋时,袜子的颜色要深于鞋的颜色,一般选择黑色,袜筒的长度要高及小腿并有一定弹性,特别需要强调的是,穿西装一定不能穿白色袜子。

☑ 礼仪小故事

王女士与一家大型保险公司的销售员约好了在周末上午投保,销售员小李如约而来,王女士开门迎接,小李西装合体,发型整齐,满脸微笑。

王女士心想:"果然是一个地道的保险推销员的形象,不愧是一流的保险公司。"对这家保险公司的好感顿时增添了许多,但当小李坐在王女士对面的沙发上时,一幕不该出现的场景跳入王女士眼帘:一双旧皮鞋,已经变了形,毫无光泽,而且落满灰尘,与小李光鲜的西服极不相配。

王女士顿时大失所望。

尽管小李用极好的口才不厌其烦地介绍了许多适合王女士的险种,王女士的思维却全在那双陈旧的破皮鞋上,最终也没有买这份保险。她对小李的可信度产生了怀疑:"他会不会是一个不容易打交道的人?"

小李尽管在其他方面表现得很好,但最终他被自己的破皮鞋打败了。

2. 公文包

与西装搭配的公文包是长方形公文包,面料以真皮为宜,并以牛皮、羊皮制品为最佳。颜色一般选择黑色或咖啡色,最好与皮鞋和皮带的颜色一致。再高级的运动包也不要和西装搭配使用,如果需要使用手提电脑,应选择专业的电脑包。

3. 手表

与西服相配的手表要选择造型简约,没有过多装饰,颜色比较保守,时钟标示清楚,表身比较平薄的机械表。

4. 皮带

与西服相匹配的皮带应是皮质材料,光面,深色,带有钢质皮带扣。宽窄一般在2.5厘米左右,皮带的颜色应与鞋子和公文包的颜色统一。穿西装时,皮带上不要挂手机、钥匙等物品。

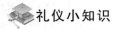 礼仪小知识

着装的"TPO"原则

"TPO"即英语"Time(时间)""Place(地点)"和"Occasion(场合)"的缩写字头。"TPO"原则上是指商务人士的服饰要兼顾时间、地点、场合三个因素,并与它们相适应。该原则于1963年由日本男用时装协会提出,之后便迅速传播,现已成为世界服装界公认

的着装审美原则之一。

二、商务女士着装

比较庄重的正式商务场合中,女士一般穿深色的西装套裙。

(一)西装套裙的选择

对商界女士来说,在正式场合中,套裙往往是首选。套裙的款式可分为两件套、三件套两种。套裙应当是由高档面料制作的,上衣和裙子应当采用同一质地、同一色彩的素色面料。上衣注重平整、挺括、贴身,使用较少的饰物、花边进行点缀。裙子则应以窄裙为主,并且裙长应当过膝或及膝。

西装套裙的颜色以冷色调为主,以体现着装者典雅、端庄、稳重的气质,颜色要求清新、雅气而凝重,忌鲜艳色、流行色。

在正式场合,必须穿得端端正正,上衣的纽扣一律扣上,不允许部分或全部解开,更不允许当着别人面把上衣随便脱下来,或搭在身上。

📝 礼仪小故事

小丽是个很时尚的青年,任职于一家事业单位。某天,她穿了件很透明的黑色衬衫去上班。正好,下午有个会议召开,她正坐在局长对面,整个会议过程中,因为小丽若隐若现的内衣,局长不能朝向正前方,只能看两旁,视线更不好落在小丽身上,脸色一直颇为尴尬和严肃。开完会后,局长急电秘书,让她马上拟一份通知:从今天开始,上班不许穿吊带,不许穿过短、过紧、过透的服装。

(二)套裙的搭配

1. 衬衫

与职业套裙搭配的衬衣颜色最好是白色、米色、粉红色等单色。也可以有一些简单的线条和细格图案。衬衣的最佳面料是棉、丝绸面料。衬衫的款式要裁剪简洁,不带花边和皱褶。

穿衬衫时,衬衫的下摆必须放在裙腰之内,不能放在裙腰外,或把衬衣的下摆在腰间打结。除最上端一粒纽扣按惯例允许不扣外,其他纽扣不能随意解开。

2. 丝巾

丝巾为很多职场女士所钟爱。利用飘逸柔媚的丝巾稍作点缀,可以收到很好的装饰效果,可以使穿着更富韵味,还可以用丝巾调节脸部气息,如红色系可以映得面颊更红润。但如果脸色偏黄,不宜选用深红、绿、蓝、黄色丝巾;脸色偏黑,不宜选用白色、有鲜艳大红图案的丝巾。

女士丝巾的打法多种多样,本章仅介绍西班牙结的打法,如图2-2所示。

打西班牙结的具体步骤如下。

(1)将领巾对折成三角形。

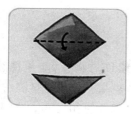

图 2-2　西班牙结的打法

（2）三角形垂悬面在前方。
（3）两端绕至颈后打结固定。
（4）调整正面折纹层次。
（5）宽松帅气的西班牙结，可搭配在衬衫外面。

3. 鞋袜

与套裙配套的鞋子，应该是高跟、半高跟的船式皮鞋。鞋子的颜色最好与手袋一致，并且要与衣服的颜色相协调。皮鞋要上油擦亮，不留灰尘和污迹。系带式皮鞋、丁字式皮鞋、皮靴、皮凉鞋等，都不宜在正式场合搭配套裙，露出脚趾和脚后跟的凉鞋和皮拖也不适合商务场合。

长筒袜和连裤袜，是穿套裙的标准搭配。中筒袜、低筒袜，绝对不能与套裙搭配穿着。穿长筒袜时，要防止袜口滑下来，不可以当众整理袜子。正式场合穿职业套裙时，袜子应为单色，肉色为首选，还可选黑色、浅灰、浅棕。丝袜容易划破，如果有破洞、跳丝，要立即更换，可以在办公室或手袋里预备好一两双袜子，以备替换。

礼仪小故事

某家五星级宾馆的公关部经理小红，平时衣着得体大方。语言热情适宜，对上对下、对里对外都应对有度，颇得总经理的好评。某天，小红正在宾馆的餐厅包房里宴请几位经常有业务往来的旅行社老总，几番倒酒夹菜过后，小红终于坐了下来。突然，总经理秘书过来说有急事，请她暂时离席去送外宾。可小红迟迟不能起身，原来，她因双脚不堪忍受高跟鞋的束缚，看到坐下后正好桌布可以挡住别人的视线，就脱下高跟鞋，让双脚休息一会儿。猛然总经理有请，一慌张，双脚一时找不到"归宿"，令她非常难堪！

4. 手提包

手提包是女性在各种场合不可缺少的饰物。一般而言，商界女士应配三个重要的"基本包"。上班或参加商务会议可用一个大而结实的包，其大小可放下各种文件；第二个是中等大小的包；第三个是一个小而考究的包，用来携带少量的化妆品、钥匙、钱包、手机等。包的颜色很重要，它应该与所穿着的服装相协调。

三、商务女士首饰的佩戴

在商务场合，女士佩戴的饰物与服装要协调搭配，款式简单、精致。同时，佩戴的饰物不要超过三种,否则会焦点过多,影响整体效果。

(一) 胸针

胸针是西装套裙最主要的饰品。穿西装套裙时,别上一枚精致的胸针,能使视线上移,让身材显得高挑。胸针一般别在左胸襟。若发型偏左,胸针就要居右;发型偏右,则胸针应当居左。胸针的具体高度,应在从上往下数的第一粒与第二粒纽扣之间。

(二) 项链

佩戴项链时,可以利用项链的长短来调节视线,起到锦上添花的作用。如又细又长的项链,可以拉长视线,弥补脖子短粗的缺陷。项链上的挂件,也体现佩戴者的气质和个性。如椭圆形的挂件体现佩戴者成熟、圆润的个性;菱形和方形的挂件,体现独立自信的个性等。

(三) 耳环

在职场中,不要佩戴造型夸张的耳环。造型简洁的耳饰,既具女性美,又体现端庄、稳重。佩戴耳钉时,一只耳朵只能戴一只,不能出现一只耳朵戴好几只耳钉的情况。穿礼服时,可以佩戴装饰性较强的耳环,但也要注意和脸型相适宜。

(四) 戒指

戒指不仅是一种重要的饰品,还是特定信息的传递物。戒指通常戴在左手上。一只手只戴一枚戒指,戴两枚或两枚以上的戒指是不合适的。

礼仪小知识

戴戒指是有讲究的。戒指通常戴在左手上。

国际上比较流行的戴法是:食指——想结婚,表示未婚;中指——已经在恋爱中;无名指——已经结婚或订婚;小指——表示独身主义。

(五) 手镯或手链

一只手腕不要同时戴手表和手链(或手镯),也不要同时戴两只手链(或手镯)。如果戴手链(或手镯)妨碍工作(例如办公室议员经常要打字复印),就不要佩戴。

第三节 仪态礼仪

仪态是指一个人举止的姿态与气质、风度。体态是指一个人的身体显现出来的样子,包括站姿、坐姿、走姿等,而风度是一个人气质的外在表现。在商务场合中的仪态应该体现出自然大方、稳重端庄及亲切诚恳。

一、体态规范

（一）站姿

站姿是商务人员工作和生活中第一引人注视的姿势，是其他动态美的起点和基础，规范的站姿能衬托出美好的气质和风度。

1. 规范的站姿

规范的站姿主要有以下几种。

（1）侧放式。身体挺直，双目平视，双膝并拢，脚跟靠紧，脚掌分开呈"V"型，双手置于身体两侧，自然下垂。此为男女通用的站立姿势，如图2-3所示。

（2）手背式。身体挺直，双目平视，两腿分开，两脚平行，两脚间距离比肩宽略窄，双手在身后相搭，贴在臀部。此为男性常用的站立姿势，如图2-4所示。

（3）交手式。两手在腹前交叉，右手握住左手，两脚分开，距离不超过20厘米。这种站姿端正中略有自由，郑重中略有放松。在站立中身体重心还可以在两脚间转换，以减轻疲劳。此为男性常用的接待站姿，如图2-5所示。

（4）前腹式。站立时，双膝和双脚要靠紧，脚后跟尽量靠拢，脚掌呈"V"型；或一只脚略前，将脚后跟置于另一脚内侧，两脚尖向外略开展，形成斜写的一个"丁"字型，双手在腹前交叉，右手搭在左手上，贴在腹部。此为女性常用的站立姿势，如图2-6所示。

图2-3　侧放式　　　图2-4　手背式　　　图2-5　交手式　　　图2-6　前腹式

2. 不雅的站姿

在正式场合，商务人员站立时不要歪脖、斜肩、弓背、挺肚和屈腿；不要将手插在裤袋里或交叉在胸前或者倚墙靠柜，更不要下意识地做些小动作，不要腿脚乱动，双脚叉开距离过大、歪脚站立等。

（二）坐姿

1. 入座与离座

在商务场合或社交场合，入座与离座时要保持动作的优雅。

入座时，走到座位前面转身，控制住身体，然后坐下，切忌沉重地落座。

坐下后，双眼平视，下颌内收，双肩自然下垂，腰背挺直，体现稳重、大方的美感。

女士在入座时，可以用手向下轻拂一下裙边，保持坐下时裙边端正，起立时裙子不会起皱褶。

离座时，可以将右脚稍微后退，找到支撑点，然后起立。起立时尽量保持上身竖直平稳，不要向前哈腰，以免显得拖沓沉重。

2. 规范的坐姿

（1）正坐式。入座时，上身与大腿、大腿与小腿均成直角，并使小腿与地面垂直。如果是男士，双膝稍许分开，但不超过肩宽，双手自然分放在两腿上面；如果是女士，则双膝双脚完全并拢，双手交叠放在腿上，不宜坐满椅面，以占 2/3 为宜。这是正式场合的基本坐姿，如图 2-7 所示。

（2）交叉式。上身挺直，双腿并拢，一脚置于另一脚之上，在踝关节处交叉。交叉后的双脚可以内收，也可略向左侧或右侧斜放。适合于坐在主席台上、办公桌后面或汽车上。男士、女士都可以选用，如图 2-8 所示。

图 2-7　正坐式

图 2-8　交叉式

（3）叠放式。双腿一上一下完全交叠在一起，俗称"二郎腿"，抬起来的那只腿，脚尖应垂向地面。如果是女士，双腿也可斜放左侧或右侧，与地面呈 45°夹角，但是，穿着超短裙时慎用，如图 2-9 所示。

（4）斜放式。双腿并拢后，双脚同时向右侧或左侧斜放，并与地面形成 45°，双手叠放于左腿或右腿上。这种坐姿特别适用于穿短裙的女士在较低的座椅就座，如图 2-10 所示。

图 2-9　叠放式

图 2-10　斜放式

3. 不雅的坐姿

入座时,两腿叉开;两腿不停抖动;双脚或单脚抬放在椅面上;一腿弯曲,另一腿平伸。

(三) 走姿

1. 行走时的基本规范

一种轻盈、稳健的走姿,能反映出积极向上的精神状态。行走迈步时,应脚尖向着正前方,脚跟先落地,脚掌紧跟落地。要收腹挺胸,两臂自然摆动,节奏快慢适当,给人一种矫健轻快、从容不迫的动态美。

男士行走,两脚交替前进在一线上,两脚尖稍外展,步履稳健大方,显示出刚强雄健的阳刚之美;女士两脚要踏在一条直线上,步履均称、轻盈、神态端庄、文雅,显示出庄重文雅的温柔之美。

2. 行走时的注意事项

行走时,最忌内八字步和外八字步。不可左顾右盼、摇头晃脑、低头驼背、拖泥带水,也不可大摇大摆,手插裤兜或背手而行。

行走时,脚步过重、声音过响、横冲直撞、与人抢道、阻挡路口等,都是不雅的姿态,有损自身的形象。

(四) 蹲姿

蹲姿是由站姿或走姿变化而来的相对静态的体位,是交往中用得不多,但最容易犯错的姿态。如何蹲得优美、雅观,也是商务人员需要注意的。

1. 常用的蹲姿

(1) 高低式。下蹲时,双脚不在一条直线上,且一只脚在前,一只脚在后,在前的脚全着地,小腿基本上垂直于地面,在后的脚,脚掌着地,脚跟提起。后膝低于前膝,头和腰呈一条直线,臀部向上,女士两腿应靠紧,如图 2-11 所示。

（2）交叉式。下蹲时，右脚在前，左脚在后，右小腿垂直于地面，全脚着地。左膝后面伸右侧，左脚跟抬起，前脚掌着地，形成一种右腿在上、左腿在下，交叉重叠的姿势。两腿靠紧，全力支撑身体。臀部向下，上身稍微前倾，如图2-12所示。

图2-11　高低式　　　　　　　　　　图2-12　交叉式

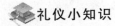 礼仪小知识

在公共场合，下蹲时不要双腿平行叉开，以免做出"卫生间姿势"，这是最不雅观的动作。

2. 蹲姿的注意事项

下蹲时注意不要有弯腰、臀部向后撅起的动作，不要两腿叉开平行下蹲；下蹲时不能露出内衣裤。当要拾起落在地上的东西或拿取低处物品的时候，应先走到要捡或拿的东西旁边，再采用正确的蹲姿，将东西拿起。

（五）手势规范

手势是最有表现力的一种体态语言，能够通过手和手指的动作变化来表达感情和传递思想。在商务活动中，恰当地使用手势，有助于语言表达，会为交际形象增辉。常见的手势有以下几种。

1. 横摆式

横摆式手势用于指引较近的方向。大臂自然垂直，小臂轻缓地向一旁摆出，略微弯曲，与腰间呈45°左右，另一手臂下垂或背在身后，面带微笑，双脚并排或呈右丁字步，同时加上礼貌用语，如"请""请进"等，如图2-13所示。

2. 前摆式

前摆式手势常用于一只手扶门把手、电梯门，或拿东西，同时又要做出"请"的动作或指示方向。五指伸直并拢，手掌伸直，由身体一侧由下向上抬起，以肩关节为轴，手臂稍曲，到腰的高度再由身前右方摆去、摆到距身体15厘米，在不超过躯干的位置时停止。目视来宾，面带微笑，表现出对宾客的尊重、欢迎，如图2-14所示。

图 2-13　横摆式　　　　　　图 2-14　前摆式

3. 直臂式

直臂式手势用于指示或引领较远的方向。手指并拢,掌伸直,屈肘从身前抬起,向抬到的方向摆去,摆到肩的高度时停止,肘关节基本伸直。身体侧向宾客,眼睛要看着手指引的方向,同时加上礼貌用语,如"请一直往前走""里边请"等,如图 2-15 所示。

4. 双臂式

双臂式手势用于向众多来宾表示"请"的动作或指示方向。两手五指分别伸直并拢,掌心向上,从腹前抬起至上腹部处,双手一前一后同时向身体一侧摆动,摆至身体的侧前方。肘关节略弯曲,上身稍向前倾,面带微笑,向客人致意,如图 2-16 所示。

图 2-15　直臂式　　　　　　图 2-16　双臂式

二、表情礼仪

表情是指人的面部各器官的动作和脸色的变化,它能迅速准确地传达信息和感情。表情中表现力最强的就是的就是眼神和微笑。

（一）眼神礼仪

在商务交往中，因交流对象和场合的不同，商务人员在运用眼神进行交流活动时，眼睛注视的部位、时间和角度是各不相同的。

1. 注视的部位

（1）公务注视区间。在磋商、谈判等洽谈业务场合，眼睛应看着对方双眼或双眼与额头之间的区域。这样注视显得严肃认真、公事公办，别人也会感受到诚意。

（2）社交注视区间。在茶话会、友谊聚会等场合，眼睛应看着对方的双眼到嘴唇这个三角域。这样的注视会使对方感到礼貌、舒适。

（3）亲密注视区间。在亲人、恋人和家庭成员之间，眼睛应注视对方双眼到胸部的一个较大的倒三角区域。这样的注视表示亲近友善，但在商务场合显得不恰当。

2. 注视的时间

在与人交流时，眼睛注视的时间是有讲究的。长时间地"逼视"对方会让人觉得别扭、紧张，是一种失礼或挑衅的行为。有研究表明，交谈时视线接触对方的时间宜占全部谈话时间的30%～60%。

如果双方关系密切，可较多、较长时间地注视对方，注视的时间占全部相处时间的2/3，以拉近心理距离。如果想和对方建立良好的默契，应用60%～70%的时间注视对方，注视的部位是双眼和嘴唇之间的三角区间。

3. 注视的方向（角度）

注视的方向（角度）往往能准确地表达出对他人的尊重与否。

（1）正视（平视），表示理性、平等、自信、坦率。适用于普通场合与身份、地位平等的人之间的眼神交流。

（2）俯视，即眼睛朝下注视他人。一般表示对晚辈的爱护、宽容，也可表示对他人的歧视。

（3）仰视，即抬眼向上注视他人。它表示尊敬期待，适用于面对尊长之时。

4. 正确运用眼神

（1）眼神要灵活。灵活的眼神，会给人一种流动的美感。

（2）眼神要有礼貌。在公交车、电梯等近距离空间，避免目光对视良久。在公共场合，避免上下打量，左顾右盼；众目睽睽之下，要用眼神树立一个有魅力的形象。

（3）平常注意不要有斜视、俯视、不屑一顾、轻浮等不礼貌的眼神。

总体而言，恰当地运用眼神，需要加强文化、品德修养。

📖 礼仪小知识

美国心理学家艾伯特·梅拉比安在一系列实验基础上得出一个经典的公式：感情的表达＝7%的言语＋38%的声音＋55%的表情。

（二）微笑礼仪

在商务活动中，微笑被称为商务人员的常规表情。最有魅力的表情是自然的微笑。

它不仅能在外表上给人以美感,而且可以真实地表达出热情与友善。

1. 微笑的基本要求

礼节性的微笑,具有得体恰当的动作要领,具体如下。

(1) 在与对方目光接触但又未开口说话前,先微笑以待,有助于创造一个友好热情的气氛。

(2) 面部表情和蔼可亲,伴随微笑自然地露出6~8颗牙齿,嘴角微微上翘,笑的幅度不宜过大。

(3) 微笑的最佳时长,以不超过7秒为宜,时间过长会给人以傻笑的感觉。

(4) 微笑要神态自若。双唇轻合,目光有神,自然大方。

2. 微笑的禁忌

商务人员应避免负面形象的笑,如假笑、怪笑、冷笑、狞笑、干笑、媚笑和窃笑等,虚假造作的微笑只会令人反感。

在正式场合,不能放肆大笑。在商务工作中不要讥笑,使对方恐慌;不要傻笑,使对方尴尬;不要皮笑肉不笑,使对方无所适从;不要冷笑,使对方产生敌意。总之,笑也要因时、因地、因事而异,否则毫无美感且令人生厌。

【即学即练】

★ 基本知识

一、判断题

1. 长发过肩的女士必须全部将其长发剪短才能上岗。 (   )
2. 面容美化主要针对女士而言,男士不必每天修面、剃须。 (   )
3. 男士的西装主要有欧式、英式、美式和日式四种造型。 (   )
4. 穿的是两个扣子的西装,一般只扣下面一个。 (   )
5. 男士在正式场合穿着西装时,身上的颜色不超过四种颜色。 (   )
6. 戒指戴在中指上表示尚未谈恋爱,戴在无名指上表示独身主义。 (   )
7. 戒指戴在中指上表示自己已结婚。 (   )
8. 仪态包括一个人的走姿、站姿、坐姿、蹲姿、手势,但不包括面部表情。 (   )
9. 注视一般可分为公务注视、社交注视和亲密注视三种。 (   )

二、选择题

1. (多选)在商务活动中,适当化妆,不仅是职业工作的需要,也是对他人尊重的一种表现,化妆应遵循(   )。

   A. 美化原则　　　B. 自然原则　　　C. 协调原则　　　D. 身体原则

2. (单选)商务男士在正式场合最优先选择的服装是(   )。

   A. 唐装　　　　　B. 休闲装　　　　C. 西装　　　　　D. 中山装

3. (单选)西装布料首选的是(   )。

   A. 混纺面料　　　B. 纯羊毛　　　　C. 化纤面料　　　D. 天然面料

4. (单选)商务男士着单排三粒扣西装时,站立时为表示郑重应当(　　)。
   A. 只系上面两粒　　　　　　　　B. 只系下面两粒
   C. 将三粒扣子都系上　　　　　　D. 都不扣
5. (单选)商务男士着西装双排六粒扣西装时,站立时为表示郑重应当(　　)。
   A. 只系上面四粒　　　　　　　　B. 只系下面四粒
   C. 将六粒扣子都系上　　　　　　D. 都不扣
6. (单选)在服饰中起到画龙点睛作用的是(　　)。
   A. 化妆　　　　B. 领带　　　　C. 佩饰　　　　D. 皮鞋
7. (单选)领带打好后,最佳长度是(　　)。
   A. 领带长至皮带扣处　　　　　　B. 领带长至皮带以下很多
   C. 领带长至皮带以上很多　　　　D. 长短没有关系
8. (多选)着装的"TPO"原则是指(　　)。
   A. Time(时间)　　　　　　　　B. Objective(目标)
   C. Place(地点)　　　　　　　　D. Occasion(场合)
9. (单选)男士正装所搭配的手表应该是(　　)。
   A. 机械表　　　B. 电子表　　　C. 石英表　　　D. 时装表
10. (单选)戴在女士左手无名指上的戒指表明(　　)。
    A. 已经结婚　　　　　　　　　　B. 正在恋爱
    C. 独身主义　　　　　　　　　　D. 想结婚,表示未婚
11. (单选)站姿是商务人员工作和日常生活中第一引人注视的姿势,正确站姿的要点是:头正,肩平,臂垂,(　　),腿并。
    A. 微笑　　　　B. 表情自然　　C. 躯挺　　　　D. 以上都对
12. (单选)注视的位置在对方双眼或双眼与额头之间的区域是(　　)。
    A. 私密区间　　B. 社交区间　　C. 公务注视　　D. 亲密区间
13. (单选)最有魅力的表情是(　　)。
    A. 高贵的笑容　B. 友善的目光　C. 得体的体姿　D. 自然的微笑

三、简答题
1. 请列举商务男士着正装时的配件有哪些?
2. 简述商务人士着装的原则。

★ 案例分析

某公司招聘文秘人员,由于待遇优厚,应者如云。中文系毕业的小李同学前往面试,她的背景材料非常优秀。大学四年中,在各类刊物上发表了3万字的作品,内容有小说、诗歌、散文、评论、政论等,还为六家公司策划过周年庆典,英语表达极为流利,书法作品也堪称佳作。小李五官端正,身材高挑、匀称。面试时,招聘者拿着她的材料等她进来。小李穿着迷你裙,露出藕段似的大腿,上身是露脐装;涂着鲜红的唇膏,轻盈地走到一位考官面前,不请自坐,随后跷起了二郎腿,笑眯眯地等着问话,孰料,三位招聘者互相交换了一下眼色,主考官说:"李小姐,请下去等通知吧。"她喜形于色:"好!"拎起小包便飞跑

出门。考官面面相觑,此后小李始终也没有等到录用消息。

问题:

1. 小李能等到录用通知吗?为什么?
2. 假如你是小李,你打算怎样准备这次面试?

★ 技能实训

化 妆 实 训

1. 情境设置

元旦将至,某单位为答谢各位员工,加强与员工的沟通,准备举行迎新文艺晚会。销售部门将组织20人的合唱团,为展示良好的舞台形象,导演要求化妆并统一着装。现单位派你去指导,你该如何组织实施?

2. 训练组织

(1) 请一位学生上台做模特,化妆老师边讲,边对模特化妆,台下同学四至六人一组学习化妆。

(2) 教师点评。

3. 实训内容

实训内容	操 作 标 准	基 本 要 求
基本化妆	1. 涂化妆水,用棉球蘸取向脸面擦拭; 2. 涂粉底霜,用手指或手掌在脸上点染晕抹; 3. 上粉底,用手指或手掌在脸上染晕抹,不宜过厚; 4. 扑化妆粉,用粉扑自下而上,扑均匀	1. 眼要自然不着痕,颊宜轻匀; 2. 内容可酌情舍弃或变动次序; 3. 此操作仅适合简单快速淡妆或工作妆,用时10分钟左右; 4. 不在男士面前化妆
眼部化妆	1. 涂眼影,用棉花棒沾影在眼周、眼尾、上下眼皮、眼窝处点抹; 2. 描眉,蓝灰色打底,棕色或黑色描出适合的眉型,直线型使脸显短,弯型使人显得温柔; 3. 描眼线,用眼线笔沿眼睫底线描画	
抹颊红	用脸颊红轻染轻扫两颊,以颧骨为中心向四周涂匀;长脸型横打胭脂,圆脸型和方脸型竖打胭脂	
涂口红	1. 用唇笔描上、下唇轮廓,起调整色泽、改变唇型作用; 2. 涂口红,填满	

4. 任务考核和评价

(1) 发际和眉毛是否沾上粉底霜(20分)。

(2) 双眉是否对称(20分)。

(3) 胭脂是否涂匀(20分)。

(4) 妆面是否平衡(20分)。

(5) 与穿着是否协调(20分)。

第三章 商务交往礼仪

【学习目标】

知识目标

- 掌握称呼、介绍、握手、致意与名片交换的礼仪规范。
- 了解国际其他见面礼仪的规范。

技能目标

能够在商务交往中正确运用称呼、介绍、握手、致意、递接名片等会面礼仪。

【本章知识结构图】

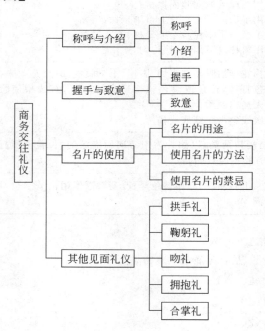

【案例情景】

有一位先生为外国朋友订做生日蛋糕。他来到一家酒店的餐厅,对服务员小姐说:"小姐,您好,我要为一位外国朋友订一份生日蛋糕,同时打一份贺卡,你看可以吗?"小姐接过订单一看,忙说:"对不起,先生,请问您的朋友是小姐还是太太?"这位先生也不清楚这位外国朋友有没有结婚,也从来没有打听过,他想想说:"小姐?太太?一大把岁数了,应该是太太。"

生日蛋糕做好后,服务员小姐按照地址到酒店客房送生日蛋糕。敲门后,一位女士开门,服务员小姐礼貌地说:"您好,请问是怀特太太吗?"女子愣了愣,不高兴地说:"错了!"服务员小姐感到莫名其妙,抬头看看门牌号,又打电话向那位先生确认房间号码,都没有错。于是,服务员小姐再次敲门,门被打开后,她说:"没错,怀特太太,这是您的蛋糕。"那位女士大声说:"告诉您错了,这里只有怀特小姐,没有怀特太太!"啪的一声,女士关上了门。

【理论专栏】

在商务活动中,与人交往的第一步就是见面。见面时的礼节、礼仪是形成第一印象的直接要素。举止庄重大方,行为合乎礼仪,在商务交往之初会形成牢固的心理定式,可以帮助商务人员顺利地通往交际的殿堂。

第一节 称呼与介绍

一、称呼

称呼即称谓,指商务人员在交往应酬时,用以表示彼此关系的名称用语。合理地称呼对方,既是对他人的尊重,又反映了商务人员的礼仪修养,是商务人员的第一张名片。在商务交往中,我们既要注意学习、掌握称呼的基本规律和通行的做法,又要特别注意各国之间的差别。

(一)称呼的方式

1. 国际通行称呼

(1)对成年人,男子称"先生",女子称"夫人""女士""小姐"。对已婚女士称"夫人",未婚女士称"小姐",对年长但不明婚姻状况的女子或职业女性称"女士"。

(2)对地位高的官方人士,一般可称"阁下",或职务加"先生",如"总理阁下""总理先生"等。

(3)对医生、教授、法官、律师和博士等,可单独称其头衔或学位,也可加上姓氏或"先生",如"教授""怀特教授""法官先生""基辛格博士"等。

(4)对军界人士,一般称其军衔或军衔加"先生",也可加姓氏,如"上校""上校先生""卡特上校先生"等;有些国家对高级军官,如将军、元帅等,也称"阁下"。

(5)对王室成员,称国王、皇后为"陛下",称王子、公主、亲王等为"殿下";对有爵位的人士,可称其"爵位",也可称"阁下",一般也可称"先生"。

(6)对教会中神职人员,一般可称其神职,或姓名加神职,或神职加"先生",如"大主教""亚当神父""牧师先生"等。

礼仪小知识

在涉外交往中,有两类称呼切勿使用:一类是容易产生误会的称呼,如"爱人""老人家"等;另一类是具有侮辱性、歧视性的称呼,如"鬼子""老头子"等。

2. 国内常用称呼

(1) 职务性称呼。在商务场合,以交往对象的职务相称,以示身份有别,敬意有加,是一种最常见的方法,如"张经理""王局长",或者"张××经理""王××局长",后两者仅适用于极其正式的场合。

(2) 职称性称呼。对于有中高级职称者,可以直接以其职称相称,如"李教授""周工(程师)";职称前加上姓名,适用于十分正式的场合,如"李××教授""周××工程师"等。

(3) 学术性称呼。在工作中,以学衔称呼对方,可以增加被称呼者的权威性,有助于增强现场的学术氛围,如"黄博士"或"黄××博士"。一般对学士及硕士不用该称呼。

(4) 职业性称呼。工作中,可以直接以被称呼者的职业称呼对方,如老师、会计、大夫、律师等。一般情况下,可加姓或姓名,如"李老师""周××律师"等。

(5) 亲属称。如"滕叔叔""何爷爷""李兄""王姐"等。

(6) 泛称。对于同事、熟人之间,可以直呼姓名;也可只称其姓,不称其名,如"老王""小张"等,这样显得亲切随和。常见的称呼还有"先生""太太""同志"等。

礼仪小知识

"先生"一词最常用的是作为男性的代名词,称成年男性为先生,称十八九岁的男孩为"小先生",称上了年纪的老人为"老先生"。其实,"先生"二字还有更为广泛的含义,在中国传统文化中,不论男女,凡是在教育、科学、文化等领域工作的资深人士,均可称为"先生",如"冰心先生""杨绛先生"等。

(二) 称呼的禁忌

在使用称呼时,一定要避免下面几种失敬的做法。

1. 无任何称呼

商务交往中,若根本不用任何称呼,或者代之以"喂""嘿""下一个"以及具体代码,都是极其不礼貌的。

2. 庸俗的称呼

某些日常生活中流行的称呼在正式场合不可使用,如"哥们儿""兄弟"等,听起来亲切,实则既失礼,又失身份。

3. 不当的简称

某些简称会造成歧义,如"吴工"等。正式场合最好用全称,这样才显得庄重得体。

4. 不通行的称呼

有些称呼,具有一定的地域性,比如"伙计""小鬼""爱人"等,一旦不分地域滥用,难免尴尬。

5. 无礼的绰号

随便给他人起绰号，或随意以绰号称呼对方，如"四眼田鸡""瘦猴儿"，会给他人造成不悦和伤害。

礼仪小知识

在人际交往中，人们常常需要使用各类称呼，了解常用称呼的含义十分重要。

1. 尊称

(1) 令尊：对方的父亲。
(2) 令堂：对方的母亲。
(3) 令正或贤阁：对方的妻子。
(4) 令郎：对方的儿子。
(5) 令爱：对方的女儿。
(6) 高足：对方的学生。

2. 谦称

(1) 家严或家父：自己的父亲。
(2) 家母或家慈：自己的母亲。
(3) 家兄：自己的兄长。
(4) 舍弟：自己的弟弟。
(5) 家姐：自己的姐姐。
(6) 舍妹：自己的妹妹。
(7) 犬子：自己的儿子。
(8) 内子或内人：自己的妻子。
(9) 在下：自称。

礼仪小故事

著名作家叶永烈在撰写陈伯达传记时，采访了陈伯达，对采访时如何称呼陈伯达，颇费了一番心思。叫"伯达同志"，当然不合适，因为陈伯达是在监狱服刑的犯人；直呼"陈伯达"也不行，毕竟他已是八十四岁的老人，比叶永烈年长一辈；叫"陈先生"，或者叫"陈老师"，也不很恰当……考虑再三，叶永烈觉得还是称呼"陈老"最为妥帖，一则他确实"老"，二则这是中国人对年长者的习惯称呼，亲切之中包含着尊敬之意。

果然，采访时，叶永烈一声"陈老"亲切得体的称呼，令陈伯达听了万分感动，眼里含着泪花。

二、介绍

介绍是商务接待中必不可少的一个环节，是业务活动中相互了解的基本方式，是双方走向熟悉的第一步。通过介绍，可以缩短人们之间的距离，以便更好地交往、更多地沟通和更深入地合作。介绍可以分为自我介绍和他人介绍两种形式。

（一）自我介绍

自我介绍，就是把自己介绍给其他人，让其他人认识自己。在商务活动中，如果想结识某些人或某个人，而又无人引见，可以视情况将自己主动介绍给对方。为使自我介绍得体而有效，应注意时机适当，繁简适度，把握分寸。

1. 时机适当

自我介绍应选在对方有空闲、情绪较好、又有兴趣时进行。当对方无兴趣、无要求、心情不好，或正在休息、用餐、忙于处理事务时，切忌去打扰，以免尴尬。

2. 繁简适度

自我介绍时，自己的姓名应该着重说明，以利于对象深刻记住。职业、职务、工作单位、意图、特长等情况视交际目的，或详或简地介绍。

3. 把握分寸

中国人有"自卑而尊人"的传统礼仪观念。在介绍自己时常被要求表现谦虚、内敛为佳。过于夸大的语言会给人留下狂妄自大的印象。但自谦的同时要充分体现出自信，通过自信的表达，产生感染力，使人愿意接近。

（二）他人介绍

他人介绍是经第三方为彼此不相识的双方引见、介绍的一种介绍方式。他人介绍通常是双向的，由于某种原因双方互相不认识，因此应将被介绍的双方都做一番介绍。介绍人一般是由公关礼仪人员、东道主、长者、女主人或是被介绍的双方均熟悉的人充任。

1. 介绍的礼序

介绍应遵循"尊者优先了解情况"的原则。在为他人做介绍时，一般是把男士介绍给女士，把年轻者介绍给年长者，把晚辈介绍给长辈，把职位低的人介绍给职位高的人，把未婚的人介绍给已婚的人，把家人介绍给同事、朋友，把个人介绍给集体，把后来的介绍给先来的。

2. 介绍的姿态

他人介绍时，三方都应采用站姿，介绍人站于被介绍人旁侧，上身略倾向被介绍者，伸出手臂，掌心朝上，四指并拢，指向被介绍者，面带微笑，平视被介绍者，边说边示意，并用视线把另一方的注意力引过来，使得被介绍者感受到被重视和尊重。被介绍者应表现出结识对方的热情，点头致意，被介绍完后再握手问好。他人介绍的姿态，如图3-1所示。

3. 介绍的语言

介绍人应口齿清楚，语调适中。采用"请允许我来给你们做个介绍""我帮你们介绍一下""让我来介绍一下""我想请你认识某某""我想把某某介绍给你"等语句。被介绍人双方相互招呼"见到你真高兴""早

图3-1　他人介绍

就想认识你"然后应再向介绍人致谢"多谢你的引荐""谢谢你帮我们介绍"等。

📖 **礼仪小故事**

《钢铁是怎样炼成的》一书中有一个小故事：保尔深深地爱着安娜，两人关系非常亲切。但保尔有一天发现安娜房里来了一个陌生的男子，两人非常亲昵，于是误会产生，保尔断绝了与安娜的往来，爱情从此夭折。其实这位男子是安娜的哥哥，如果安娜有一个简单的介绍，误会也不会产生了。

第二节 握手与致意

一、握手

握手礼是商务场合中最常用、使用范围最广的见面礼节，是全世界最通用的致意礼节，见面、离别、迎来、送往、庆贺、感谢、慰问、鼓励等场合均可使用。

（一）握手的礼序

握手应遵循尊者为先的原则。一般来说，主人、长辈、上司、女士主动伸出手，客人、晚辈、下属、男士再相迎握手。在商务、公务场合，握手时伸手的先后次序主要取决于职位、身份，而在社交、休闲场合，则主要取决于年龄、性别、婚否。

在接待来访者时，要特别注意先后次序的问题。当客人抵达时，应由主人先伸手与客人相握，以示欢迎；而在客人告辞时，应由客人先伸手与主人相握，表示感谢和再见。这一次序如果颠倒，就容易让人产生误解。

男女之间，女性伸出手后，男性才能伸手相握。如果男性年长，是女性的父辈年龄，在一般的社交场合中仍以女性先伸手为主，但如果男性已是祖辈年龄，或者女性未成年，则男性先伸手是适宜的。

应当强调的是，上述握手的先后次序并非是一成不变的，当有人忽略了握手礼的先后次序而已经伸出手，对方都应不迟疑地回握。

（二）握手的礼规

握手看似简单，却包含了丰富的礼仪规范。遵循并正确运用握手的礼仪规范不仅会给对方留下良好的印象，更能为下一步交往打下基础。

1. 握手的姿态

握手时，两人相距一步左右，两足立正，上身前倾，伸出右手，四指并拢，拇指张开，双方手掌与地面垂直相握，微微上下抖动。握手时，应注视对方，面带微笑，稍事寒暄与问候，如"见到你很高兴""幸会"等。

2. 握手的力度

在与初相识者以及异性握手时，力度应适度，不轻不重，恰到好处。若过于用力，会让人产生粗鲁无理的感觉;若过于无力,则会给人缺乏热情或敷衍的感觉。

有时,为了表示热情友好,握手时可以稍许用力,以显示出自信、诚恳。与亲朋旧友握手时,所用的力量可以稍大一些。

3. 握手的时长

握手的时间一般以 1~3 秒为宜,通常是握紧后打过招呼即松开。在某些特殊情况下,为了表情达意或配合拍照,握手的时间可以相对长一些。在亲密朋友相遇时,或者衷心感谢难以表达等场合,握手时间就长一点,甚至可以紧握不放。

(三)握手的方式

一般而言,握手主要有三种标准方式。

1. 平等式握手(单手握)

平等式是最为普通的握手方式,即施礼双方各自伸出右手,手心向着左方,与对方的右手相握。这是为了表达友好而进行的握手方式,一般适用于初次见面或交往不深的人。这样做双方均不卑不亢,一般可收到理想的交际效果,如图 3-2 所示。

图 3-2　平等式握手

2. 手扣手式握手

主动握手者用右手握住对方的手心,再用左手握住对方的手背,这种握手方式在西方国家被称为"政治家的握手",如图 3-3 所示。用这种方式握手的人,可以让被握者感到热情真挚,诚实可靠,在朋友和同事之间很可能会达到预期的效果。

图 3-3　手扣手式握手

3. 双握式握手

用双手握手的人,目的是想向对方传递出一种真挚、深厚的友好感情。右手相握,左手扶住对方的右臂,如图3-4所示。这种方式适用于情投意合、极为亲密的人之间。

(四)握手的禁忌

1. 忌左手握手

左手相握是严重失礼的行为。

2. 忌交叉握手

图3-4 双握式握手

当两人握手时,应避免相握的手形成交叉状,否则就会构成西方人认为最不吉利的十字图案。

3. 忌戴手套握手

握手时,一般不能戴手套。女士若身着礼服、礼帽,与他人握手可以不摘手套,因为手套也是礼服的一部分。

4. 忌不专心握手

握手时,目光游移,漫不经心。

5. 忌不平等握手

若多人在场,只同一个人握手,而对其他人视而不见,是失礼。

二、致意

致意又可以称作打"袖珍招呼",是指施礼者以某种动作向受礼者表达友好与尊重。随着现代生活节奏加快,致意已成为人际交往中使用频率最高的一种礼节。

(一)致意的礼序

一般来说,在社交场合,男士应当先向女士致意,年轻者应当先向年长者致意,学生应当先向教师致意,下级应当先向上级致意。当年轻的女士遇到比自己年纪大得多的男士时,应先向男士致意。

当然,实际交往中绝不拘泥于以上的顺序。长者、上级为了倡导礼仪规范,为了展示自己的谦虚、随和,主动向晚辈、下级致意,无疑会更具影响力和风度,更能引起受礼者的敬仰与尊重。

礼仪小故事

在欧洲的中世纪,骑士们常常在王公大臣、公主、贵妇面前比武,在高唱赞歌经过公主的座席时,要同时举手齐眉做"遮住阳光"动作,意思是把公主比作光芒四射的太阳。

后来,这个动作成了许多国家的军人接受检阅、遇见长官时的礼节。今天,政府官员下飞机、出席典礼等场合的挥手致意,常人在见面送别时的举手、挥帽等动作也是这种动作的变体。

（二）致意的方式

致意的方式多种多样，主要有微笑、点头、欠身、举手、脱帽等。

1. 微笑

微笑致意适用于相识者或者只有一面之交者在同一地点、彼此距离较近，但不适宜交谈或无法交谈的场合。微笑时可不做其他动作，只是两唇轻轻示意，不必出声。

2. 点头（也称颔首礼）

点头适用于一些公共场合与熟人相遇又不便交谈时、同一场合多次见面时、路遇熟人时等情况。点头时要面带微笑，目视对方，轻轻点一下即可。行点头礼时，不宜戴帽子。

3. 欠身

欠身即全身或身体的上部微微向前一躬。这种致意方式表示对他人的恭敬，其适用的范围较广。欠身致意的礼节较轻。

4. 举手

举手适用于公共场合远距离遇到熟人打招呼。一般不必出声，伸出右臂，掌心朝向对方，轻轻摆动，不必反复摇动。

5. 脱帽

与朋友、熟人见面时，若戴着有檐的帽子，则以脱帽致意最为适宜。脱帽致意即微微欠身，用距对方稍远的一只手脱离帽子，将帽子置于大约与肩平行的位置，同时与对方交换目光。

礼仪小故事

欧美许多国家，广为流行着脱帽礼。

据说，脱帽礼源于欧洲中世纪。当年，武士们作战要戴头盔，以防止敌人袭击。来者为了表示自己不是敌人，就首先把头盔掀开，露出自己的面孔。另一种说法是，当时武士对女子讲话时，必须把头盔举起，以示对女性的敬重。这种习惯发展到近代，就成为脱帽礼。

第三节　名片的使用

名片是商务人员在职场交往中的重要资源。它是使用者要求社会认同，获得社会理解与尊重的一种方式。

一、名片的用途

（一）业务宣传

名片可用于业务宣传。在名片上可以印制公司的业务范围、地址、联系电话等，具有类似广告宣传的作用,可以让别人了解自己所从事的业务。

(二)通报身份

当拜访客户时,如果客户不在,可留下一张名片,客户回来看到名片后,就会知道谁来过了。

(三)替代礼单

向客户赠送礼物和鲜花时,如让人转交,可以附上名片一张,附上贺词或祝福语。

(四)替代便函

名片可用来对他人表示答谢、辞行、留话等多种礼节。为了表示不同的礼节,可在名片的左下角写下几行字或短语,以表达自己礼仪性的致意。

二、使用名片的方法

(一)递送名片

递送名片要用双手或右手,用双手拇指和食指执名片两角,让文字正对着对方,递交时要目光注视对方,微笑致意,可顺带一句"请多多关照。"千万不要用食指和中指夹着给人,这样显得不礼貌。递送名片的方式如图3-5所示。

(二)接收名片

接收他人递过来的名片时,除女性、长者外,应尽快起身或欠身,面带微笑,用双手的拇指和食指接住名片的下方两角,并说"谢谢""很高兴认识您"等寒暄语,如图3-6所示。

图3-5 递送名片

图3-6 接收名片

接过名片后,要看上几秒钟,以示尊重。对名片上不认识的内容,要及时请教对方,以免以后引起尴尬。千万不要连看都不看就放进口袋,或者拿着对方的名片揉搓。

接到名片后,应立即将自己的名片递出。若没有带名片或没有名片,应向对方表示歉意,再如实说明原因。

（三）索要名片

在主动递上自己的名片后，对方按常理会回给自己一张名片。如果对方没有回送名片，可以在递上名片的时候说："能否有幸与您交换一下名片。"

在公共场合如要索取他人名片，可以委婉地说："以后怎样同您联系？"向尊长索取名片，可以这样说："今后如何向您请教？"

当他人索取本人名片，而自己无意送人名片时，可委婉地说："对不起，我忘了带名片。"或者："抱歉，我的名片用完了。"若本人没有名片，又不想说明时，也可以用这种方法表述。

（四）放置名片

随身所带的名片，最好放在专用的名片包、名片夹里，也可置于上衣内侧的口袋里。将名片放置于裤袋、裙兜、钱夹里等位置则显得极不正式。

接过别人的名片看了后，要精心放置于自己的名片包、名片夹或上衣内侧口袋里。随意乱丢或在上面压其他东西，拿在手里随意摆弄等是很失礼的。

三、使用名片的禁忌

(1) 忌在用餐时发送名片。
(2) 忌发送破损、脏污或涂改过的名片。
(3) 忌像收集名片似地逢人便要。
(4) 忌到处散发自己的名片，要有所选择。
(5) 遇到以下几种情况，不需要把自己的名片递给对方：
① 不想认识或不想与对方深交。
② 对方对自己并不感兴趣。
③ 对方是陌生人且以后不需要交往。
④ 双方地位身份差别很大。

礼仪小故事

某天，小李正在公司里联系业务，突然接到一个电话，一个温柔的女声问他在哪里工作。

小李听到亲切甜美的声音后，立刻公布了自己的全部资料。

半小时后，一个英姿飒爽的女警察站在小李面前，她非常威严地问："为什么有正当的职业不好好工作，非要去贩卖假证件？"

小李一下懵了，结结巴巴地说："我……我什么时候贩卖假证件了？我有正当职业啊。再说我还嫌自己文凭低呢！有假证件我肯定自己用了，还能卖给别人？"

警察拿出一张照片，放在小李面前。小李一看，一堵墙上用石灰水写着"办证"，后面一长串号码分明是自己的手机号码。看来是某个喜欢搞恶作剧的家伙，接到小李的名片后将他的手机号码写到了墙上。

等小李满头大汗地解释清楚之后,警察微笑着告诫他:"今后千万不要滥发名片了。"

第四节 其他见面礼仪

一、拱手礼

拱手礼即中国旧时的作揖,是中国古老的礼仪方式,已有两千多年的历史,是我国传统的礼节之一。

拱手礼的行法是行礼者首先立正,两手合抱前伸,然后弯身,并将合抱的双手上下稍作晃动。行礼时,可与受礼者致以祝福或祈愿,如"恭喜发财""请多关照"等。需要注意的是,行拱手礼时,一定用左手扶抱右手,意味着施礼者愿在受礼者面前扑息自己的锋芒,向受礼者表示友好。来华的外国人认为这种礼节东方气息浓厚,既文明又有趣。

目前,拱手礼主要用于登门拜访、开会发言时,或是佳节团拜活动、元旦春节等节日的相互祝贺;也有用在开订货会、产品鉴定会等业务会议时,厂长、经理们相互拱手致意。

> **礼仪小知识**
>
> 林语堂在《生活的艺术》一书中曾推崇中国的拱手礼,认为拱手礼优于握手礼的地方有两点:一是从医学卫生的角度讲,拱手礼不致发生接触传染,有益于人体健康;二是从心理感受的角度,拱手的力度、时间的久暂,完全取决于自己,不会感受对方的压力。

二、鞠躬礼

鞠躬既适合于庄严肃穆或喜庆欢乐的场合,又适合于一般的社交场合。随着社会文明程度的提高,鞠躬礼在人们的生活社交、商业服务中的使用越来越频繁。常用于表达对他人的敬意和感激之情。

行鞠躬礼时,要微笑地注视着受礼者,呈立正姿势,上身向前倾弯。男士双手应自然下垂于身体两侧裤线处,女士的双手则要自然地搭放在腹前。行礼时,动作要慢,不可迅速抬头。通常,受礼者还以鞠躬礼,但长者、上级及女士等还礼时,不必鞠躬,可欠身点头或握手答礼。

一般可根据施礼对象和场合决定鞠躬的度数。鞠躬的幅度越大,所表示的敬重程度就越大。15°左右,表示一般致敬、致谢、问候;30°左右,表示恳切的致谢和歉意;45°左右,表示非常诚恳的致敬、致谢和歉意;90°左右,表示敬礼,常用于婚礼、葬礼、谢罪与忏悔等特殊情况。

> **礼仪小故事**
>
> 一天,林肯总统与一位南方的绅士乘坐马车外出,途遇一老年黑人深深地向他鞠躬。

林肯点头微笑并也摘帽还礼。同行的绅士问道:"为什么你要向黑鬼摘帽?"林肯回答说:"因为我不愿意在礼貌上不如任何人。"可见林肯深受美国人民的热爱是有原因的。1982年美国举行民意测验,要求人们在美国历届的40位总统中挑选一位"最佳总统"时,名列前茅的就是林肯。

三、吻礼

在西方,比较流行的还有吻礼,在涉外交际活动中会遇到。吻礼主要有以下两种形式。

(一)吻手礼

行礼时,男士行至女士面前,立正、垂首致意,然后用右手或双手捧起女士的右手,弯腰俯身,用自己微闭的嘴唇,象征性地轻吻一下其手背或手指,手腕以上不可吻,如图3-7所示。如女士地位较高,男士要屈一膝作半跪式,再提手吻之。此礼在英、法两国最流行。

> **礼仪小知识**
>
> 若女士不伸手,则不宜行吻手礼。按常规做法,一般不应向未婚女士施吻手礼。

(二)亲吻礼

亲吻礼多见于西方、东欧、阿拉伯国家,是亲人及亲密的朋友间表示亲昵、慰问、爱抚的一种礼。不同关系、不同身份的人,相互亲吻的部位也不同。长辈对晚辈吻额头;晚辈对长辈吻下颌或面颊;同辈间,同性贴面颊,异性吻面颊,如图3-8所示。

图3-7 吻手礼

图3-8 亲吻礼

四、拥抱礼

拥抱礼是流行于欧美的一种礼仪,通常与吻礼同时进行。

施行拥抱礼时,通常是两人相对而立,各自右臂偏上,左臂偏下,右手环抚于对方的左后肩,左手环抚于对方的右后腰,彼此将胸部各向左倾而紧紧相抱,并头部相贴,然后再向右倾而相抱,接着再做一次左倾相抱,如图3-9所示。

图3-9 拥抱礼

拥抱礼多行于官方或民间的迎送宾朋或祝贺、致谢等场合。许多国家的涉外迎送仪式中会行此礼。然而,陌生人或初次交往的人不宜行拥抱礼。

五、合掌礼

合掌礼又称"合十礼",通行于印度和东南亚等信奉佛教的国家与地区。我国傣族聚居区也用合掌礼。

行此礼时,面对受礼者,两个手掌在胸前对合,五指并拢向上,手掌向外侧稍许有些倾斜,然后欠身低头,并口诵"佛祖保佑"。

通常合掌礼的双手举得越高,表示对对方的尊敬程度越高。向一般人行合掌礼,合掌的掌尖与胸部持平即可,若是掌尖高至鼻尖,那就意味着行礼者给予了对方特别的礼遇。面对尊长者时,掌尖应举至前额,如图3-10所示。

图3-10 合掌礼

在以合掌礼为见面礼的国家里,人们认为合掌礼比握手礼高雅,而且要卫生得多。因此,当别人向我们施以这种礼时,应尊重对方习俗,以同样的礼节还礼。

除以上介绍的几种见面礼外,还有缅甸人常用的跪拜礼,在尼泊尔、斯里兰卡、也门及波利尼亚等地盛行的吻足礼,以及盛行于西亚与北非沙漠地区和新西兰毛利人的碰鼻礼。见面礼虽多种多样,且各自的讲究也不尽相同,但最重要的是行礼者要做到心中有底,真诚热情,用心专一。

【即学即练】

★ 基本知识

一、判断题

1. 在年龄相仿的男士和女士之间做介绍,一般要把女士介绍给男士。（　　）
2. 为他人做介绍时,应该先把身份高的一方介绍给身份低的一方。（　　）
3. 某科技有限公司销售部的职员小刘去王总经理家里做客,告别的时候,刚一出门,王总就先与小刘握手告别:"欢迎以后常来。"（　　）
4. 只有职位高的人先伸出手,职位低的人才能伸手相握。（　　）
5. 男士应先向女士、年轻人应先向长辈、下级应先向上级打招呼致意。（　　）
6. 在递送名片时,要用右手的食指和中指夹住名片递给对方。（　　）
7. 递名片时,名片的文字要正面朝向自己。（　　）

二、选择题

1. （单选）通常对外国已婚女子称（　　）。
   A. 女士　　　　　B. 小姐　　　　　C. 夫人　　　　　D. 先生
2. （单选）面对上级和下级、长辈和晚辈、嘉宾和主人,先介绍谁（　　）。
   A. 下级　晚辈　主人　　　　　B. 上级　长辈　嘉宾
   C. 上级　晚辈　嘉宾　　　　　D. 下级　晚辈　主人
3. （单选）（　　）是一切商务场合中最常用、使用范围最广的见面礼节,是全世界最通用的致意礼节。
   A. 握手　　　　　B. 拥抱　　　　　C. 挥手　　　　　D. 点头和微笑
4. （单选）男女之间的握手中,伸手的先后顺序十分重要,在一般情况下应该是（　　）。
   A. 女方应先伸手去握,这样显得自己的落落大方,也不会让男方觉得难堪
   B. 男方应先伸手去握,这样会显得自己绅士风度,也避免女方不好意思去握
   C. 男女双方谁先伸手都可以
5. （单选）在商务、公务场合,握手时伸手的先后顺序主要取决于（　　）。
   A. 年纪　　　　　B. 性别　　　　　C. 婚否　　　　　D. 职位、身份
6. （多选）握手的禁忌包括（　　）。
   A. 心不在焉　　　B. 伸出左手　　　C. 戴着手套　　　D. 交叉握手
7. （多选）握手礼序正确的是（　　）。
   A. 待客时后伸出手　　　　　　B. 待客时先伸出手
   C. 送客时后伸出手　　　　　　D. 送客时先伸出手
8. （单选）呈递名片时,下面做法不正确的是（　　）。
   A. 名片背面朝向接受方　　　　B. 双手拿着名片两个上角

C. 右手拿着名片上角　　　　　　　D. 左手拿着名片上角

三、简答题

1. 称呼的禁忌有哪些？
2. 在商务场合为他人做介绍的礼仪顺序是什么？

★ 案例分析

王先生是集团公司的老总，该集团主要代理国内知名品牌的服饰。一天他接待了来访的某服装厂主管销售的李先生。只见李先生被秘书领进了王先生的办公室，未等秘书介绍，李先生就热情地伸出右手，让王先生握了握，便缩了回去，然后用左手递上名片做自我介绍："你好，我姓李。我代表公司跟你谈谈服饰代理事宜。"不到五分钟，王总就托词结束了初次见面。

问题：

1. 结合商务礼仪相关知识，试分析本案例中李先生初次见面失败的原因。
2. 请列举本案例中运用到的商务礼仪知识。
3. 如果你是李先生，你如何向王总行一个漂亮的见面礼？

★ 技能实训

小华非常崇拜太阳岛集团的王总经理，一天，在公园内刚好遇到了王总经理……

演练组织：请演练见面后让王总认识自己的过程。

（分别安排2组学生表演。）

点评要点：

(1) 注意招呼、问候及自我介绍的礼仪规范性。
(2) 比较说话是否文雅、是否带有情感的效果。

第四章 职场事务礼仪

【学习目标】

知识目标

- 掌握办公室基本礼仪。
- 掌握接待、拜访与馈赠的礼仪知识。
- 掌握行进间、乘电梯与乘车的礼仪规范。
- 掌握商务电话、手机与电子邮件的使用礼仪。

技能目标

- 正确运用各种位次礼仪,在职场中体现对他人的尊重。
- 正确拨打和接听工作电话。

【本章知识结构图】

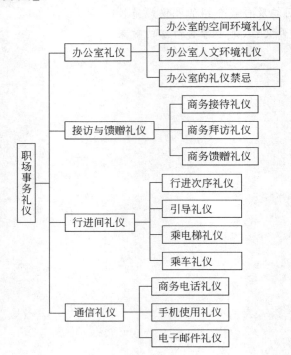

【案例情景】

小郑是一家公司的业务员,她外形靓丽漂亮、青春时尚。小郑对流行元素非常敏感,打扮非常时尚,发型每隔一段时间就会有新变化,颜色也在不断调整,金黄色、酒红色……总是让同事眼前一亮。脸上的妆面就如同经常翻新的服装一样,变化多样。身材娇好的她,在夏季,紧身衣、透视装、露脐装、低腰裤轮流着换,各种小配饰不断更新,办公室的一些男士都觉得小郑很养眼,经常跟她开玩笑,小郑从不恼怒。注重个人形象的她,喜欢照镜子,并常在办公室补妆,若是看到哪位女同事的口红、眼影是自己没有的,她一定缠着别人借来试用一下,看看效果如何。热情开朗的小郑,不论是与同事还是与客户,交谈时都喜欢靠得很近,眼睛一直注视着对方,手势非常丰富。

小郑到这家公司三年了,工作主动性非常强,常常加班,工作业绩也不错,近年来发展了不少客户。与小郑同时进入这家公司的小李,虽然业绩不如小郑,却已经升迁为主管,而小郑只是增加了薪酬,却一直没有得到升迁机会。很希望在事业上有所发展的小郑,感到很困惑:难道我的工作能力不如小李?领导为什么不提拔自己呢?

【理论专栏】

职场事务礼仪是企业形象的有机构成,也是展示企业形象的直接窗口。塑造企业良好形象,必须注重职场事务礼仪规范。令人满意、健康的职场事务礼仪对于与客户建立联系、发展友情、促进合作有着重要的作用。

第一节 办公室礼仪

办公室是处理日常公务和进行公务洽谈、交接的场所,也是企业形象最好的展示场合。办公室礼仪就是商务人士在办公场所须遵守的礼仪规范。

一、办公室的空间环境礼仪

(一)办公室用品的陈设和摆放

个人办公区要保持办公桌清洁,办公桌上的东西要分门别类地摆放,物品摆放要顺手、方便、整洁、美观,有利于提高工作效率,非办公用品不外露。办公桌上最好摆放茶杯,招待客人的水杯、茶具应放到专门的饮水区。若文具种类比较多,应用笔筒,而不能零散地放在桌上。当有事离开办公座位时,应将座椅推进办公桌内。

办公室中摆放的书架和文件柜应靠墙,这样比较安全、美观。沙发的摆放位置最好远离办公桌,以免谈话时干扰别人办公。

(二)办公室空间环境的布置

办公室应保持清洁、舒适。地面要经常用清扫、擦洗,地毯要定期除尘,以免滋生蚊虫。办公室的墙上切忌乱刻乱画,不可将电话号码记录在墙上,也不可张贴记事的纸张。墙上可以悬挂地图及与公司有关的图片。

(三)办公室的绿化

宽敞的办公室可以放置盆花,但盆花要经过认真挑选,要经常浇灌和整理,不能让其枯萎并出现黄叶。一般办公室不选用盛开的鲜花。

二、办公室人文环境礼仪

(一)办公室言谈举止礼仪

1. 仪表端庄,仪容整洁

无论是男职员还是女职员,上班时应着职业装。有些企业要求统一的着装,以体现严谨、高效的工作作风,加深客人对企业的视觉印象。有些企业虽没有统一服装,但对上班时间的服装提出了明确的要求。

2. 言语友善,举止优雅

办公室工作人员的站、坐、行、走、目光、表情都能折射出一个人的文化素养、业务能力和工作责任心,也体现了企业的管理水平。

(1)真诚的微笑。微笑是社交场合最佳心态的表现。微笑是自信、真诚、自尊、魅力的体现。上班时与同事、领导微笑问好,下班时微笑道别。接待、邀请、致谢都应有真诚的微笑。不要把喜怒哀乐都流露于脸上,否则会使人认为不够成熟、自控力不强。

(2)在办公室讲话时声音要轻。不能在办公室、过道上大声呼唤同事和上级,无论是对同事、上级还是来访者,都应使用文明用语。在办公室,说话不要刻薄,与同事玩笑适度,不能挖苦别人,恶语伤人,更不能在背后议论领导和同事。

(3)体态优雅。公司职员的行为举止应稳重、自然、大方、有风度。走路时身体挺直,步速适中、抬头挺胸,给人留下正直、积极、自信的好印象。不要风风火火、慌慌张张,让人感觉缺乏工作能力。坐姿要优美,不要趴在桌子上,歪靠在椅子上。有人来访时,应点头或鞠躬致意,不能不理不睬。工作期间不能吃东西、剪指甲、唱歌、化妆。谈话时手势要适度,不要手舞足蹈,过于做作。

3. 恪尽职守

公司职员应树立爱岗敬业的精神,努力使自己干一行、爱一行、钻一行,以饱满的工作热情、高度的工作责任心,开创性地干好自己的工作。工作中要一丝不苟、精益求精、讲究效率,减少或杜绝差错,按时、保质、保量地完成每一项工作。领导交派任务时,应愉快接受,做好记录,确保准确理解,然后认真办理,及时汇报。此外,还应严守商业机密。

(二)办公室各种关系处理

1. 与同事之间的关系

同事之间要保持团队合作的精神,要团结同事,互相沟通、互相支持、互相关心、互相尊重，共同进步。多跟同事分享看法，多听取和接受同事的意见。但是，与同事之间要保持一定的社交距离，不能拉帮结派，让别人产生误会，尤其是异性同事之间，千万不能过于亲密，要以礼相待。

2. 与上级的关系

要尊重领导，努力维护领导的形象和声誉，不随意对领导进行褒贬，增强服从意识，尽可能服从命令，不越位办事，不越级汇报和请示。如果领导有不对的地方，应以合适的方式提醒或者抵制。以实际行动协调上下级关系，不阿谀奉承，不与领导搞小团体，不故意在领导面前表现，做到领导在与不在一个样。若领导批评，应及时改正，不能强词夺理或者推卸责任。

📖 礼仪小故事

小宋在一家外企公司当秘书，她的新上司也是一位女士，第一天上任和小宋握手时，这位气质高雅的总经理微微皱了一下眉头。善于观察的小宋敏锐地发现，原来自己用了和上司同一品牌的香水。

第二天起，小宋身上再也没有和总经理一样的香水。她立即改用低一个档次的其他品牌的香水，而且在服饰上、发型上、言行举止上绝不同女上司"争奇斗艳"。在交际场合，总是让总经理处于鲜明突出的中心位置。小宋虽然学历高，能力强，但处处谦恭，甘当陪衬，深受总经理的赏识，半年后被提拔为总经理助理。

3. 与下级的关系

要对下级进行人性化的激励，关注、引导、满足下级的需求，充分尊重下级的合理建议。如果要批评下级或者请下级办事，态度要温和、诚恳，不能颐指气使。此外，对下级要多关心、多教导，告诉他们怎样把事情做好，尽可能把成功的经验告诉他们，不能遮遮掩掩，故意看着他们出错。

4. 与客户的关系

对于工作中往来的客户，要热情接待、友善对待、耐心诚恳地沟通，注意对方的需求，并最大限度地满足对方的需求。但是，在接待客户的过程中要注意坚持平等的原则，要做到一视同仁，不向对方随意屈服。

三、办公室的礼仪禁忌

现代办公室的礼仪禁忌如下。

1. 过分注重自我形象

办公桌上摆着化妆品、镜子和靓照，还不时忙里偷闲照镜子、补妆，这不仅给人一种工作能力低下的感觉，而且众目睽睽之下不加掩饰，实在有伤大雅。

2. 使用公共设施缺乏公共观念

单位里的一切公共设施都是为了方便大家，提高工作效率，打电话、发传真、复印都要注意爱惜、保护这些设施。尽量不要在办公室接打私人电话，以免影响他人工作。

3. 零食、香烟不离口

女士工作时嘴里万万不可嚼东西。男士切忌在办公室内吸烟,若吸烟应去室外。

4. 形象不得体

在办公室里,浓妆艳抹、环佩叮当、香气逼人、衣着暴露或不整、言语低俗等都属禁忌之列,是形象不得体的表现。工作时,语言、举止要尽量保持得体大方,应避免使用过多的方言土语,切忌使用粗俗不雅的词汇。无论对上司、同级还是下属,都应该不卑不亢,以礼相待,友好相处。

5. 把办公室当自家居室

把办公室当作自家,在办公室使用电磁炉做饭菜,随手放置餐具,让同事在充满菜味的屋子进出,实属不妥。

6. 急躁喧哗,旁若无人

有什么话慢慢讲,别人也一样会重视,自己的文质彬彬,可以使别人一起维持文明的环境。

7. 随便挪用他人东西

不可有未经许可随意使用他人物品,事后又不打招呼的做法。也不可用后不归还原处,甚至经常忘记归还。

8. 偷听别人讲话或偷听别人打电话

他人私下谈话时,停下手中工作,偷听讲话,或在别人打电话时,两眼紧盯打电话的人,都会使自身形象大打折扣。有可能的情况下,应暂时回避。

9. 对同事的客人表现冷漠

无论是谁的朋友,踏进办公室都是客人,而办公室内的员工都是主人。在同事不在的情况下,三言两语把客人推掉,或因为不认识就不加理睬,都有失主人的风度。

第二节 接访与馈赠礼仪

一、商务接待礼仪

随着商务活动的增加,对外交往面的扩大,商务接待工作的重要性越来越明显。商务接待细节中折射出的礼仪,也蕴含着艺术。要获得业务并成功合作,必须使客户得到真正的满足。商务接待,应该被看作一种投资,而且最好要有明确目的。在与重要宾客的接待活动中既要展示公司形象,又要充分尊重其需求,力求给对方留下美好而难忘的印象。

(一)接待的准备

1. 了解客人的基本情况

不论是客人主动来访还是接受本组织的邀请,应了解来访者的目的、要求、会谈的内容、参观的项目、来访路线、交通工具,抵达和离开的具体时间,以及来访的人数、姓名、性别、职务、生活习惯、个人爱好、饮食禁忌等,以确定接待规格和日程。

2. 制订接待方案

接待一般客人,可以根据惯例直接接待,但是接待重要客人和高级团体,就要事先制订接待方案。其内容包括客人的基本情况、接待工作的组织分工、陪同人员和迎送人员名单、食宿地点及房间安排、伙食标准及用餐形式、交通工具、费用支出意见、活动方式及日程安排、汇报内容的准备及参加人员等。

（二）迎送礼仪

1. 迎客礼仪

客人到达后,应安排专人迎接。迎接人员安排一般遵循对等原则。一般客人,可以由业务部门或经理秘书人员到车站迎接,重要客人,有关领导要亲自前去接站。同时还要准备接客牌,且接客牌的字迹要清晰,方便客人辨认。本地客人,应主动派车、派人前往客人居所迎接。

"出迎三步,身送七步"是我国迎接客人的传统风俗。客人到达时,接待者应快步上前迎接,先与客人握手。如果客人较多、不能一一握手,也应点头微笑表示欢迎,并亲切地表示欢迎。

如客人手上有重物,在客人允许的情况下应主动接过。对长者或身体不好的客人应上前主动搀扶。对小辈,特别是孩子,也应特别关照。接受客人带来的礼物时,应落落大方地双手接过,并表示感谢。

2. 敬茶礼仪

不论是日常生活还是待客,茶都是不可缺少的媒介。杜耒在《寒夜》中有云:"寒夜客来茶当酒。"可见一杯清茶传递的不仅是情谊,更是待客之道。待客中的敬茶礼仪如下。

（1）嗅茶。主客坐定以后,主人取出茶叶,主动介绍该茶的品种、特点,客人则依次传递嗅赏。

（2）温壶。先将开水冲入空壶,使壶体温热。然后将水倒入茶盘中。

（3）装茶。用茶匙向空壶内装入茶叶,通常按照茶叶的品种决定投放量,如图 4-1 所示。切忌用手抓茶叶,以免手气或杂味混淆影响茶叶的品质。

图 4-1　装茶

（4）请茶。茶杯应放在客人右手的前方。请客人喝茶,要将茶杯放在托盘上端出,并用双手奉上,如图4-2所示。当宾主边谈边饮时,要及时添加热水,体现对宾客的敬重。客人则需善"品",小口啜饮,满口生香,而不能作"牛饮"姿态。

图4-2　请茶

（5）续茶。往杯中续茶水时,左手的小指和无名指夹住高杯盖上的小圆球,用大拇指、食指和中指握住杯把,从桌上端下茶杯,腿一前一后,侧身把茶水倒入客人杯中,以体现举止的文雅。

礼仪小故事

某单位领导与刚来的客商正在会客厅里寒暄,秘书前来泡茶。他用手指从茶叶筒中拈了撮茶叶,放入茶杯内,然后冲上水……这一切,领导和客商都看到了。领导狠狠地瞪了秘书一眼,但碍于客商在场而不便发作。客商则面带不悦之色,把放在自己面前的茶杯推得远远的,同时说:"别污染了我的肠胃!"领导知道自己属下做事欠妥,所以只得忍气吞声。

谈判时,双方讨价还价。领导一时动怒,与客商发生争执。秘书觉得自己作为单位的一员,自然应该站在领导一方,于是与领导一起共同指责客商,客商拂袖而去。

领导望着远去的客商的背影,气得脸红脖子粗,冲着秘书嚷:"托你的福,好端端的一笔生意,让你给毁了,唉!"

秘书丈二和尚摸不着头脑,不知道自己有什么失误,他为自己辩解:"我,我怎么啦?客商是你得罪的,与我有什么关系?"

3. 送客礼仪

当客人告辞时,应起身与客人握手道别。应陪同送行至本单位楼下或大门口,目送客人远去。如果是乘车离去的客人,一般应走至车前,帮客人拉开车门,待其上车后轻轻关门,挥手道别,目送车远去后再离开。

对于外来的客人,应提前为之预订返程的车、船或机票。送行人员可陪同外宾一同前往机场、码头或车站,必要时可在贵宾室与外宾稍叙友谊,或举行专门的欢送仪式。

二、商务拜访礼仪

商务拜访礼仪是商务交往工作中的一项重要内容。通过商务拜访,商务人员可以更好地沟通心灵,建立深厚友谊,获得支持与帮助;通过商务拜访,商务人员可以更好地互通信息,共享资源,有助于取得事业的成功。

(一)拜访前的准备

1. 提前预约

拜访前可先打电话、写信或是当面提出约定,时间应约定在对方比较空闲的时候。同时预约时应用请求的口气,在发现对方有推辞或勉强的意味时,切不可咄咄逼人、发难对方、强求会见,即便被对方拒绝也应用友好的口气和言辞相待:"那我等您方便的时候再约时间来看您。"

2. 准备材料

拜访前首先还应清楚自己的拜访属于哪种性质,根据不同的性质还要做一些必要的材料准备。如果是商务性拜访,就应事先明确自己的拜访目的、宗旨,将本单位的相关介绍材料准备齐全。

3. 注意仪表服饰

拜访时一定要衣冠整齐,修饰边幅。着装和仪表除了因地制宜及清洁、舒适之外,还须根据自己的实际和喜好及所拜访对象的身份来定。离对方再近、关系再融洽,也不可不拘小节、随意穿着,这样是对主人最大的不敬。

(二)拜访的礼仪规范

1. 守时守约

宾主双方约定拜会的时间、地点、人员之后,作为访问者应履约守时,如约而至,轻易不要更改。万一有特殊原因,需要推迟或者取消拜访、变更地点、调整人员等,均应尽快打电话通知对方。不要若无其事,让对方空等。

登门拜访时,最好准时到达,既不要早到,让对方措手不及,也不要迟到,令对方等待很久。准时赴约也是国际交往的基本要求。有的国外企业安排拜访时间以分为计算单位,如拜访迟到10分钟,对方就会谢绝拜访。

📖 礼仪小故事

时值金秋十月,A公司派经理及副经理一行六人前往位于著名旅游城市的长期合作单位B公司进行答谢拜访,B公司在得知六人均为男性后便提前为他们预订了三间标准间。然而,A公司的成员刚下车,B公司负责接待的经理顿时傻眼了,A公司来的6名成员中有一位女士。原来,A公司的一位业务经理临行前一天被派往另一个城市出差,于是就临时更换成了一位女经理。然而,正处于旅游旺季的该城市每家酒店都爆满,没有房间可以增加,双方都感到非常尴尬。

2. 礼貌拜见

如果直接来到被访者办公室外,进门前要先敲门或按门铃。敲门的声音不宜太重太急,一般轻敲两三下即可,不要不停歇地敲下去;按门铃的时间也不要太长,响两三声即可。即使门开着,也要站在门旁轻轻敲门,待主人允许后方可进入。

3. 举止文明

当主人开门迎客时,应主动向对方问好,并根据自己和对方的身份,选择握手或行鞠躬礼。如果主人一方不止一人,则应在主人的介绍下,一一问候与行礼。

进入室内后,只有主人让坐时才能坐下。如果主人是年长者或者上级领导,主人不坐,自己不能先坐。主人请坐后,要先说声"谢谢",然后按规范的坐姿坐下。

若主人送上果品,要等年长者或其他客人动手后,自己再取用。主人递烟、上茶,要双手接过并表示谢意。如果主人没有吸烟的习惯,要克制自己的烟瘾,尽量不要抽烟,以示对主人的尊重。

跟主人交谈时,态度要诚恳,语气要礼貌。自己要谈的内容,主题明确,开门见山。同时,要多倾听对方谈话,注意观察主人的举止表情。当主人有不耐烦或有为难的表情时,应转换话题或语气;当主人有结束会见的表示时,即使话没谈完,也应知趣地起身告辞。

4. 适时告辞

拜访时间的长短,应根据拜访目的和主人的意愿而定。通常情况下,宜短不宜长,如果是礼节性的拜访或初次登门拜访,应控制在15分钟至半小时之间。起身告辞时,真心诚意地鞠躬向主人表示谢意。出门后,回身主动伸手与主人握别,并说"请留步"。待主人留步后,走几步,再回首挥手致意,说"再见"。

> **礼仪小知识**
>
> 访友十忌歌:一忌有约不赴约,二忌充当不速客,三忌清高不热情,四忌带病不卫生,五忌有病不吃药,六忌饮食不节制,七忌衣着不整洁,八忌谈吐不文雅,九忌做客时间长,十忌情绪太激动。
>
> 访友八注意:第一时间要合适,第二衣服要得体,第三进门全问好,第四招呼要周到,第五不要乱走动,第六谈话有主题,第七关心别过度,第八告辞要有礼。

三、商务馈赠礼仪

馈赠是中国人的一种传统礼仪,也是商务活动中一项不可缺少的交往内容。随着交际活动的日益频繁,馈赠礼品因为能起到联络感情、加深友谊、促进交往的作用,越来越受到人们的重视。因此,在商务活动中,有必要掌握馈赠的有关礼仪规范。

(一)馈赠目的

1. 交际

用来馈赠的礼品应能反映送礼者的寓意和思想感情,并使寓意和思想感情与送礼者的形象有机地结合起来。

2. 巩固和维系人际关系,即"人情礼"

人情礼强调礼尚往来,以"来而不往非礼也"为基本准则。因此无论从礼品的种类、价值的大小、档次的高低、包装的式样、蕴涵的情义等方面都呈现多样性和复杂性。

3. 酬谢

酬谢是为答谢他人的帮助而进行的。在我们接受了别人的帮助后,一定要真心酬谢,以表达自己的感激之情。得到别人的帮助应及时表示谢意,但不一定任何帮助都要送礼品。

(二)馈赠的艺术

1. 馈赠的时间

馈赠的时间是指选择赠送礼品的恰当时机及具体时间。

(1)选择恰当时机。送礼的时间通常选在:相见或道别时;较为重大的节日,如春节、中秋;对方有喜事时,如乔迁、晋升等。有时,平常也可以送,比如以出差或旅游回来为借口,把对方约出来,把从外地带回的有特色的礼物送给对方。

(2)选择具体时间。一般来说,作为客人拜访他人时,最好在双方见面之初向对方送上礼品,而当作为主人接待来访者时,则应该在客人离去的前夜或举行告别宴会时,把礼品赠送给对方。

2. 馈赠的地点

馈赠时,要注意公私有别。一般来说,工作中赠送的礼品应该在公务场合赠送,如在办公室、写字楼、会客厅;在工作之外或私人交往中赠送的礼品,则应在私人居所赠送,不宜在公共场合赠送。

3. 礼品的选择

(1)投其所好。选择礼品时,一定要考虑周全,有的放矢,考虑具体的情况或场合。可以通过仔细观察或打听了解对方的兴趣爱好,有针对性地精心挑选合适的礼品。或是选择那些符合对方身份、富有意义或耐人寻味的物品作为礼品。总之,要让受礼者既感觉礼品代表送礼者的心意,又觉得礼物非同寻常。

(2)轻重得当。送贵的礼品不一定就能达到良好效果,价格与情义兼顾,以对方能够愉快接受馈赠为宜。据调查,一个美国的公司每年花在商务往来上的馈赠费用高达40亿美元,钢笔、台历、袖珍计算器、钟表、酒类、玻璃杯、衬衣等是常见的商务赠品。

礼仪小知识

馈赠礼品的禁忌如下。

(1)不送有碍社会公德和社会规范的物品,如毒品、违禁品、黄色光盘等。
(2)不送过分昂贵的物品,所送礼物上面不该留有价格标签。
(3)不能将别人赠送给自己的东西当面再转赠他人。
(4)尽量不要选择食品作为礼品,即使要送,也要注意食品的保质期,过期的东西不能送,离保质期近的东西也不能送。
(5)不送有碍身体健康的礼品,如送烟酒给不抽烟、不喝酒的人,对方不一定领情。
(6)不送破旧的物品。
(7)不送违背对方民族和宗教禁忌的礼品。
(8)没有亲密关系的情况下,不宜赠送男士腰带、领带等;不宜送女士戒指、项链等。

（9）中国普遍有好事成双的说法，凡是大贺大喜之事，所送之礼，均喜双忌单。

4. 馈赠礼仪

（1）精心包装。送给他人的礼品，尤其是在正式场合赠送他人的礼品，在相赠之前，一般都用专门的纸张包裹或把礼品放入特制的盒子、瓶子里。包装后的礼品会使受赠者感到自己备受重视。

（2）表现大方。现场赠送礼品时，要神态自然，举止大方，表现适当。一般在与对方会面之后，将礼品赠送给对方，届时应起身站立，走近受赠者，双手将礼品递给对方。礼品通常应当递到对方手中，不宜放下后由对方自取。

（3）认真说明。当面赠送礼品时，要辅以适当、认真的说明。一是可以说明因何送礼，如若是生日礼物，可说"祝你生日快乐"；二是说明自己的态度，比如"这是我为你精心挑选的""相信你一定会喜欢"等；三是说明礼品的寓意，在送礼时，介绍礼品的寓意，多讲几句吉祥话，是必不可少的；四是说明礼品的用途，对较为新颖的礼品可以说明礼品的用途、用法。

（三）接受馈赠的礼仪

1. 受礼坦然

对他人诚心相赠的礼品，应欣然接受。得体的做法是面含微笑，目视对方，双手捧接，并着重向对方道谢。中国人收礼后一般要等客人走后才打开；外国人则习惯当着客人的面打开包装，并说上几句赞美话，表示欣赏之意。

2. 拒收有方

对不便收受的礼品，若直接拒绝，有失礼仪，可婉言相告，直接说清不能接受礼品的原因。为了避免赠送人的尴尬，也可采取先收受，事后退回去的办法。有些馈赠，本人不便直接拒绝，可请他人代为谢绝或者退还。

3. 礼尚往来

中国人崇尚"礼尚往来"，外国人同样重视。尽管在接受馈赠时无法马上回礼，但应选择恰当的时间，以适当的方式回赠对方。

礼仪小知识

为了更好地表达自己的尊敬之意，职场事务交往中可以使用一些敬词。

1. 接待与拜访

（1）久违：好久没有见面。

（2）久仰：仰慕已久。

（3）惠临：称对方到自己这里来。

（4）惠顾：多用于商店对客户表示欢迎。

（5）恭候：恭敬等候。

（6）光临：客人到来。

（7）留步：用于主人送客时，客人请主人不要送出去。

2. 馈赠

(1) 雅正：将自己的诗文、书画送给别人，请别人指教。

(2) 笑纳：请人收下礼物。

(3) 惠存：请保存，多用于送人照片、书籍等纪念品时所题的上款。

(4) 惠赠：对方赠送财物。

(5) 奉送：赠送。

(6) 奉还：归还别人的东西。

第三节　行进间礼仪

一、行进次序礼仪

行进次序是指人们在步行中的位次排列顺序。商务人员在陪同领导、宾客时，要特别注意这个问题。具体注意事项如下。

(1) 二人行：前后行时，前为尊，后为次；左右行时，右为上，左为下。

(2) 三人并行：中为尊，右为次，左为下。

(3) 多人同行：走在最前方的是长辈或职位较高者，而其右后方次之，资历较浅者应行于左后方。

(4) 男女同行：女在右，男在左；或女在内侧，男在外侧。

(5) 行进到需要开门进入的场所时，男士或职位较低者应先快步向前开门，并等同行的女士或职位较高者通过门口之后再通过。

(6) 搭乘自动扶梯时，应保持合适的姿势，并握住扶手。靠边站立，让出一侧给需要快速通过的人，但在英国等国家则是靠左边站立。如果几人同时搭乘自动扶梯，不要并排站立把扶梯占满，应该遵循靠边站立的原则。若携带大件物品，可以放在自己前面。

(7) 道路行走，要按惯例自觉走在右侧，不可在左侧逆行。

二、引导礼仪

引导人员要注意以下几种场景中的礼仪规范。

1. 旋转门

接待人员陪同客人走旋转门时，原则上请客人走在前面，但如果旋转门尚未转动，接待人员应先推动旋转门使之旋转，再请客人先走。

2. 人行道

人行道的内侧是安全且尊贵的位置，接待人员应让客人行走在内侧，自己走在外侧；当走到车辆较多或人多处时，应先走几步"开路"，同时要及时提醒和照顾客人。

3. 楼梯

上楼梯时，客人走前面，陪同者紧跟后面；如果接待的是女士，而她又穿着短裙，这时上楼梯,接待人员就要走在前面。下楼梯时,陪同者走前面,并将身体转向客人,如图 4-3 所示。如果是螺旋梯,则应该让客人走内侧。上下楼梯时,要提醒客人"请小心"。

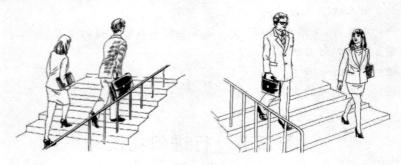

图 4-3　楼梯上的引导礼仪

4. 走廊

在走廊中行走时,接待人员应在客人 2～3 步之前,配合客人的步调,让客人走在内侧。

5. 房门

引领客人走到房门时,接待人员要先去敲门。如果房门是朝外拉开的,应先把门拉开后再请客人进去;如果房门是朝里推开的,应推开门自己先进去,再请客人进来。

6. 客厅

当客人走入客厅时,应用手示意客人就座,如客人坐下座,应请其改坐上座,然后点头示意后离开。

三、乘电梯礼仪

(一) 等候电梯礼仪

在等候电梯时,要面带微笑主动向熟人打招呼。触摸电梯按钮时,只需轻轻地按一下即可,不要反复按按钮。要在出口处的右边等候,以方便其他乘客出电梯。

(二) 与不相识者同乘电梯礼仪

(1) 与不相识者同乘电梯,进入时要讲究先来后到,不要争抢。先进电梯的人要靠门的两侧站,不要以自己的背对着别人,可站成"n"字形,最后上的人站在中间。

(2) 出来时应由外及里依次而出,即站在门口的人应该先出去,以免挡着后面要走出电梯的人。

(三) 与熟人同乘电梯礼仪

与熟人同乘电梯,尤其是与尊长、女士、客人同乘电梯时,如果是有人管理的电梯,应主动后进先出;如果是无人管理的电梯,则应当先进去后出来,方便控制电梯。

（四）与客人共乘电梯礼仪

（1）陪同客人或长辈乘电梯时，应主动上前按呼梯按钮。轿厢到达门打开时，若客人不止一人，可先行进入电梯，一手按"开门"按钮，另一手按住电梯侧门，礼貌地说"请进"，请客人们或长辈们进入电梯轿厢。

（2）进入电梯后，按下客人或长辈要去的楼层按钮。若电梯行进间有其他人员进入，可主动询问要去几楼并帮助按楼层按钮。

（3）到达目的楼层时，一手按住"开门"按钮，另一手并做出请出的动作，可说："到了，您先请！"客人走出电梯后，自己立刻步出电梯，并热诚地引导行进的方向。

（五）电梯内其他礼仪

（1）在电梯中不小心触碰到别人要马上道歉。

（2）在电梯内不要大声讨论事情或笑闹。

（3）在写字楼上班，每天都和同一个大厦的人一起乘坐电梯，经常会遇到一些熟悉的面孔，进出电梯时说一句问候语，可以增加亲和力，提升自身形象。

（六）使用电梯要做到"三不"

（1）使用电梯时应遵循先出后进原则，不要堵住门口。

（2）不要随意地抛扬背包、甩长发，否则会影响到他人。

（3）在电梯内等候时，不要随意按按钮，以免影响电梯的正常运行。

四、乘车礼仪

乘车礼仪涉及乘车座次安排和上下车礼节。

（一）乘车座次安排

乘车中不同车辆、不同情况的礼仪要求有所不同。

1. 主人亲自驾车

（1）双排五座轿车。其他的四个座位的座次，由尊而卑依次应为：副驾驶座，后排右座，后排中座，后排左座，如图4-4所示。

（2）三排七人座轿车（中排为折叠座）。座位由尊而卑应当依次是：副驾驶座，后排右座，后排中座，后排左座，中排右座，中排左座，如图4-5所示。

2. 专职司机驾驶

（1）双排五座轿车。座位由尊而卑应当依次是：后排右座，后排左座，后排中座，副驾驶座，副驾驶座是助手、接待或陪同人员坐的，如图4-6所示。

（2）三排七座轿车（中排为折叠座）。座位由尊而卑应当依次为：后排右座，后排左座,后排中座,中排右座,中排左座,副驾驶座,如图4-7所示。

图4-4 主人驾驶五座轿车座次

图4-5 主人驾驶七座轿车座次

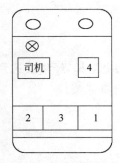

图4-6 司机驾驶五座轿车座次

图4-7 司机驾驶七座轿车座次

3. 多排座的中型轿车

无论由何人驾驶,均以前排为上,后排为下,右高左低。乘坐四排座或四排座以上的中型或大型轿车时,通常应以距离前门的远近来确定座次,离前门越近,座次越高,而在各排座位之上,则又讲究"右高左低",如图4-8所示。

4. 轻型越野车,简称吉普车

不管由谁驾驶,其座次尊卑依次为:副驾驶座,后排右座,后排左座。简单地讲,可以归纳为由前而后,自右而左,如图4-9所示。

图4-8 多排座的中型轿车座次

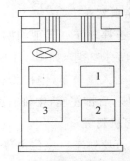

图4-9 轻型越野车座次

> 📚 **礼仪小知识**
>
> 为了更好地体现对客人的尊重，轿车尊者先上车，越野车与一般客车尊者后上车。

（二）送客上车

送客人上车时要先为客人打开车门，并且把一只手挡在车门的上方，以防客人上车时由于动作幅度过大磕碰到头部。汽车发动后，主人要目送汽车远去后方可离去。

（三）上下车姿势

对女士而言，上车不要一只脚先踏进车内，也不要爬进车内，要先站在座位边上，屈膝，臀部落座，双膝一直保持并拢，双腿一并抬起，收进车内；下车时，双腿先伸出车外，整个身体再出来，如图4-10所示。上下车时，女士最易犯的错误就是单腿跨入或单腿迈出，这样穿着裙装时容易"走光"，并且姿势不优雅。

图 4-10　女士上下车姿势

第四节　通 信 礼 仪

通信是指人们利用一定的通信工具进行信息传递的活动。传递信息的电话、手机、电子邮件等通信工具，则是走向市场的桥梁。通过通信工具进行的沟通与交流，将直接影响商务活动的效果。通信礼仪通常指在使用通信工具时应遵守的礼仪规范。

一、商务电话礼仪

使用电话通信，有拨打电话与接听电话之别。从礼仪方面来讲，拨打电话与接听电话时有着各自不同的标准。

（一）拨打电话礼仪

电话形象是电话礼仪的主旨所在，作为电话的主叫方，拨打电话须注意如下几点。

1. 选择通话时间

一般来说,拨打电话应在对方方便的时间或双方预先约定的时间进行。尽量在对方上班 10 分钟以后或下班 10 分钟之前通电话,这时对方可以比较从容地接听;除非重要事情,不要在他人休息时间打电话,如用餐时间、午休时及早上 7 点以前和晚上 10 点以后,都不适宜打电话。

2. 把握通话时长

打电话前,应先想好要讲的内容,以节约通话时间,不要现想现说。通常一次通话不应超过 3 分钟,即所谓的"3 分钟原则"。当要谈的问题不是三言两语就能解决时,就应先问问对方是否有不方便之处。

3. 拟好通话要点

在电话中应该说些什么,打电话前应有"腹稿"。如怕遗漏,可拟出通话要点或提纲,理顺说话的顺序,备齐与通话内容有关的文件和资料,给客户打重要的电话时尤其应该如此。拿起电话要直言主题,简明扼要,长话短说。

4. 核对电话号码,调整心情

电话拨通后,应先向对方问候"您好!"接着问:"是××单位吗?"得到明确答复后,再自报家门。如果拨错了号码,应向对方表示歉意。拿起电话的时候,一定要面带笑容,不要以为笑容只能表现在脸上,它也会藏在声音里。亲切、温情的声音会使对方马上产生良好的印象,如果绷着脸,声音会变得冷冰冰。

礼仪小故事

有一次,某公司老总邀请王女士到自己公司商谈一些事情。时间已经定好了。到了那天,王女士准备去这家公司。出于礼貌,去之前,她先给这家公司的办公室打了一个电话,告诉对方自己要去了。但是对方拿起电话第一句却是:"喂,你是谁?"非常不礼貌,王女士就说:"我是某某,请你告诉你们老总我一会儿就去见他。"对方却大声大气地说:"他不在。"接着"啪"的一声挂了电话。王女士很气愤,但她气量大,于是又打了第二个电话。这一次还没等她说话,对方就很不耐烦地说:"已经告诉你了,他不在。烦人。""啪"的一声又挂了电话。这一次王女士真的生气了。从此以后,这家公司老总的邀请都被她婉言谢绝了。尽管这位老总保证不会再出现类似事件,而且解雇了那位员工,但就这么一个电话,这个单位的形象全被毁了。

(二)接听电话礼仪

接听电话也不可随便,要讲究必要的礼仪和一定的技巧,以免产生误会。

1. 及时接听

电话铃一响就接听并不是十分正确的做法,宜在铃声响过两遍时拿起话筒。先道声"您好",再自报家门,让对方明白是否拨对了电话。一般来说,电话铃响 3 声就应接听,5 声后就应道歉。

2. 礼貌周全

接听电话时,语气应礼貌客气。如果电话是找其他人,而且对方找的人就在旁边,应说:"请您稍等一下。"然后用手掩住话筒,轻声招呼同事接听电话;如果对方找的人不在,应该告诉对方,并且问:"请问需要转告吗?"对于转告的内容,要认真记录来电时间、来电人姓名、单位、事项等。通话完毕应让对方先挂断电话以示尊敬。

3. 做好电话记录

商务活动中每天要接很多电话、处理许多业务,一旦因没有记录而遗忘,或记录有误,就会给公司、个人造成损失。因此,在接听电话时应随手做好记录。

二、手机使用礼仪

手机礼仪既有电话礼仪的共性要求,还有其特殊的规范。手机的特点在于其移动性,它可以把噪声带到任何场所,因此,使用手机时要特别注意一些礼仪规范。

(一)遵守公德,文明使用

在上班、开会、图书馆、剧场等需要保持安静的公共场或是会见重要客人时,应主动将手机关闭或置于静音状态,以免妨碍他人。如果需要在上述公共场所接听或拨打电话,应走到无人处。使用手机通话时,应当含蓄文雅,不要在公共场所对着手机大呼小叫。在公共场合打电话,要注意长话短说、语音适中,不要喋喋不休、旁若无人。

(二)接听手机,尊重他人

在与他人谈话或交流中最好不要接听手机,如确定需要接听手机,除礼貌地说"对不起"之外,还应走至无人处或面向无人的方向。不可面对他人接电话,更不可边谈话边接手机。

(三)防止危险,确保安全

驾车中不应使用手机通话或查看消息,极有必要接听电话时应使用耳机。不要在对电磁波敏感的地方使用手机,例如在飞机飞行期间一定要将其关闭,以免造成飞行危险。在加油站、燃料库及进行爆破作业的危险地点等,应禁用手机,以免引发火灾甚至爆炸。

(四)放置到位,重视私密

手机宜放在公文包、皮包或上衣口袋内,不宜握在手里,不宜挂在衣服外面,避免给他人留下不雅的印象。与他人交往时,不宜使用手机商讨商务要事,尤其是机密;也不宜泄露个人隐私。不要轻易向他人索要手机号码,更不要随意向他人借用手机。

礼仪小故事

一位刚刚二十出头的小姑娘陪经理去拜见重要客户。双方正在交谈中,有人给小姑娘打电话,只听里面传出了娇滴滴的声音:"妈妈,来电话了!"这时小姑娘尴尬得满脸通红,客户们想笑却不敢笑,经理则用目光偷偷责备她。

三、电子邮件礼仪

电子邮件快捷方便、安全保密,清晰度高,是远程通信的一种重要方式。商务活动中,利用电子邮件处理日常事务时,应遵守收发电子邮件的礼仪。

(一)基本设置

1. 邮件主题

写清楚邮件主题,让收件人一看到它就知道信的主旨,权衡邮件轻重缓急,分别处理,也有助于以后查询邮件。邮件主题应概括出整个邮件的内容,用几个字概括即可,切忌使用含义不清、过于随意的标题,例如"嘿"或是"收着"。

2. 发件人设置

如果可能,最好将发件人设置成单位名称及自己的名字,这样在发邮件给别人时,对方一眼就知道这封信是哪家企业、哪个人发出的。

3. 自动回复设置

商务人士可以在邮箱中设置自动回复邮件,对收到的邮件,由系统自动给予回复。设置的自动邮件回复内容应该有自己的姓名、单位名称等。

(二)邮件内容

在商务交往中,电子邮件也是一种商务文本,应当认真撰写。向他人发送的电子邮件,一定要精心构思。邮件应当简明扼要,当文字太长的时候,可以分段撰写,使之方便阅读,这样写起来也好,读起来也方便。

(三)查收和回复

商务人士应当定期查看收件箱,查看有无新邮件,以免遗漏或耽误重要邮件的阅读和回复。一般应在收到邮件的当天予以回复。如果问题较难处理,就要告诉对方已收到邮件,事情处理后会予以回复等。回复时,还要注意修改原标题。对于那些标题奇怪、没有标题或发信人的邮件,不要出于好奇而轻易打开,以免计算机"中毒"。

(四)保存和筛选

要定期整理收件箱,对不同邮件分别予以保存或删除。对有价值的邮件,必须保存,或者在复制后进行专门保留。对于垃圾邮件或是无实际价值的商务邮件,要及时清理删除,以免占用邮箱容量,也不便于管理。

礼仪小知识

曾有调查结果显示,以下几种内容或形式的电子邮件,接收者很反感。

(1) 转发格调低俗的玩笑。

(2) 不厌其烦地描述自己的不幸。
(3) 使用大写字母写邮件。
(4) 传播不负责任的流言蜚语。
(5) 讨论敏感的个人问题。
(6) 随意批评其他人。
(7) 对工作或老板抱怨不休。
(8) 就某问题争论不休。
(9) 详细谈论自己或者其他人的健康问题。

【即学即练】

★ 基本知识

一、判断题

1. 迎接客人,要等客人到达后,再临时准备交通工具,将客人送到下榻的宾馆或目的地。（ ）
2. 送别客人时,要送到楼下,目送客人远去。（ ）
3. 客户来访进屋后,请客人坐下,并把水壶、水杯端过来,让客人自便。（ ）
4. 在接待室里等待要拜访的客户时,绝不翻动对方的东西。（ ）
5. 在我国,收到礼物后,应在客人走后打开,当面拆开精美的包装是不礼貌的。（ ）
6. 最好的礼物不一定是最贵的。（ ）
7. 赠送礼物要考虑地点,要考虑受礼者方不方便接收。（ ）
8. 两人前后行时,前为次,后为尊。（ ）
9. 搭乘自动扶梯时,自觉靠右边站立,而把左边的位置空出来,留作紧急通行之用。（ ）
10. 乘坐电梯人少时,可以"同时进出"。（ ）
11. 陪同多个客人乘电梯时,可先行进入电梯,一手按"开门"按钮,另一手按住电梯侧门,请客人入内。（ ）
12. 在双排五座轿车上(主人亲自驾驶),其他4个座位的座次由尊至卑依次为:副驾驶座、后排右座、后排中座、后排左座。（ ）
13. 为了能预约到客户,晚上可以把电话打到客户家里。（ ）
14. 接电话应是响过四五声再从容地接起来。（ ）
15. 接听电话时,张口就说:"说!""讲!""快说!"（ ）
16. 在公共场合接听手机,不顾及旁人而大声交谈。（ ）
17. 一般应在收到邮件的当天予以回复。（ ）

二、选择题

1. （单选）不应该摆放在办公桌上的物品是（　　）。
   A. 手头正在处理的工作资料　　　　B. 精致小巧的工具栏
   C. 笔筒和稿纸　　　　　　　　　　D. 用来随时检查妆容的镜子

2. （单选）比较合适在办公室里穿的是（　　）。
   A. 高档的天鹅绒旗袍　　　　　　　B. 漂亮的吊带裙
   C. 深色的西服套裙　　　　　　　　D. 潇洒的 T 恤牛仔

3. （单选）你认为登门拜访时，下列行为不恰当的是（　　）。
   A. 提前预约　　B. 施礼问候　　C. 举止文明　　D. 主动就座

4. （单选）礼节性拜访的时间一般不宜过长，通常停留时间为（　　）。
   A. 1~2 小时　　　　　　　　　　　B. 1 个半小时
   C. 20 分钟至 1 小时　　　　　　　　D. 15 分钟至半个小时

5. （单选）去朋友家拜访赠送礼品时，应该（　　）。
   A. 了解对方喜好，选择适合对方的礼物
   B. 不进行精心包装
   C. 到主人家发现有其他客人在时应将礼品先放在不显眼的地方
   D. 递给主人时，应说："送给你的，我家里太多了。"

6. （单选）当三个人一起并排行进时，由尊而卑依次应为（　　）。
   A. 居中者，居右者，居左者　　　　B. 居右者，居中者，居左者
   C. 居左者，居右者，居中者　　　　D. 居中者，居左者，居右者

7. （单选）如果主人亲自驾驶小轿车，（　　）为首位。
   A. 副驾驶座　　　　　　　　　　　B. 后排右侧
   C. 后排左侧　　　　　　　　　　　D. 后排中间

8. （单选）在正常情况下，每一次打电话的时间最好遵循（　　）。
   A. 10 分钟原则　　　　　　　　　　B. 5 分钟原则
   C. 3 分钟原则　　　　　　　　　　D. 1 分钟原则

9. （单选）电话铃响后应及时接听，一般应遵循的原则是（　　）。
   A. 铃响后立即接听　　　　　　　　B. 铃响 5 声后再接
   C. 不去管它，忙完再说　　　　　　D. 铃响不过 3 声

10. （单选）放手机的正规位置是（　　）。
    A. 西裤的内袋里　　　　　　　　　B. 公文包里
    C. 拿在手里　　　　　　　　　　　D. 挂在胸前

11. （多选）为了防止病毒感染，接收电子邮件采取的措施包括（　　）。
    A. 不要轻易打开那些标题奇怪的电子邮件
    B. 不要轻易打开那些没有标题的电子邮件
    C. 不要轻易打开那些没有发信人的电子邮件

D. 不要打开那些无实际价值的商务邮件

三、简答题

1. 商务拜访的礼仪规范有哪些?
2. 馈赠礼品的目的有哪些?
3. 使用手机时,要注意哪些礼仪规范?

★ 案例分析

泰国某政府机构为本国一项庞大的建筑工程向美国工程公司招标,经过筛选,最后剩下4家候选公司。泰国人派遣代表团到美国亲自去各家公司商谈,代表团到达芝加哥时,其中一家工程公司由于忙乱中出了差错,又没有仔细复核飞机到达时间,未去机场迎接泰国客人。尽管泰国代表团初来乍到不熟悉芝加哥,还是自己找到了芝加哥商业中心的一家旅馆。他们打电话给那位局促不安的美国经理,在听了他的道歉后,泰国人同意在第二天11时在经理办公室会面。第二天美国经理按时到达办公室等候,直到下午三四点才接到客人的电话说:"我们一直在旅馆等候,始终没有人前来接我们,我们对这样的接待实在不习惯,我们已订了下午的机票飞赴下一目的地。再见吧!"

问题:

1. 请分析美国公司失去生意的原因?
2. 美国公司应如何做好接待工作?

★ 技能实训

拜访、馈赠礼仪

一、训练内容

拜访、馈赠礼仪训练。在这个任务中演练拜访过程中馈赠、敲门、交谈礼仪及告辞礼仪。

二、情境设置

A公司业务员刘勇按预约前往B公司,与刘总商谈公司新产品,并带了公司对外联络用的礼品。请演练刘勇从敲门至告辞(包括送礼)的整个拜访过程。

三、训练组织

请三位同学上台,根据上述情境进行演示,其他同学观摩并点评他们敲门、交谈礼仪、送礼及告辞礼仪等技能。

四、教学安排

(1) 教学场地:标准实训室一间。
(2) 教学设备:本公司的产品资料、名片、电话号码簿、礼品等。
(3) 教学课时:10分钟。
(4) 教学评价:由教师及同学代表共同打分,教师作综合点评。

五、考评标准

考核项目	考核内容	分值	自评分	小组评分	实得分
拜访馈赠礼仪	资料准备情况	10			
	着装要求	15			
	敲门礼仪	10			
	交谈艺术	30			
	告辞礼仪	15			
	馈赠礼仪	20			

第五章 商务活动礼仪

【学习目标】

◎知识目标

- 掌握商务会议、商务洽谈、商务展览会、新闻发布会的准备工作。
- 掌握参与商务会议、商务洽谈、商务展览会的各项礼仪规范。
- 了解商务会议、商务展览会、新闻发布会的会后工作。

◎技能目标

能够运用所学的礼仪常识,组织策划商务会议、商务洽谈、商务展览会、新闻发布会等商务活动。

【本章知识结构图】

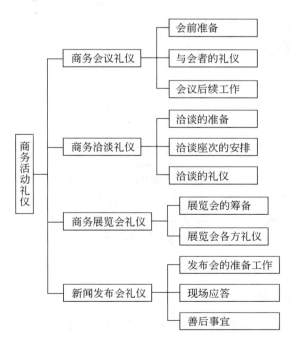

【案例情景】

　　某商贸集团公司总经理告知秘书小周,当天下午 2 点在一楼会议室召开各部门经理会议,讨论下个月的工作安排,协调各部门工作。小周立刻打开邮件发送窗口,在窗口中拟写会议通知,内容如下:"各部门经理:兹定于 9 月 18 日下午 2:00 在一楼会议室召开各部门经理会议,请务必准时出席。"发送完毕,为了确保通知到位,他又电话通知了一遍各部门,告知各部门经理开会的时间和地点,具体情况请他们查阅邮件。

　　会议开始后,总经理要求各部门经理汇报本部门下个月的工作安排。各部门经理因事先不清楚会议议题,都没有做准备。总经理非常恼火,责备秘书小周为什么发送会议通知时没有写上会议内容,并指责各部门经理安排工作没有超前意识。

　　一个小时的会议只是泛泛而谈,会议在沉闷的气氛中结束。

【理论专栏】

　　企业经常会举办一些商务会议来部署工作、落实任务、商讨议事等。企业在与其他组织交流信息、沟通业务、实现合作时,也会通过其他的一些商务活动,如商务洽谈、展览会、新闻发布等,来实现开拓市场、推销产品或引进先进的生产技术等目的。由此可见,商务会议、商务谈判、展览会和新闻发布会等一系列的商务活动在企业的生存与发展中发挥着越来越重要的作用。

第一节　商务会议礼仪

　　商务会议是现代社会各企业从事有组织的商务活动的一种重要方式,其目的是实现彼此面对面的沟通和交流,提高工作效率。会议的顺利召开,离不开周密的准备、有序的组织安排以及对礼仪的自觉遵守。

一、会前准备

(一)确定会议主题

　　企业在了解、掌握问题的基础上根据面临的主要问题,确定会议的主题。所谓会议主题,就是会议的指导思想,即会议主要讨论什么问题或通过会议得到什么结果。会议的内容、任务、形式、议程、期限、出席人员等都是在会议主题确定之后,才能一一加以确定。通常情况下,会议的主题可以直接通过会议名称体现。一次成功的会议应当始终围绕既定的主题展开。

(二)准备会议用品

　　现代化的会议离不开各种辅助器材,在召开会议之前,应把各种辅助器材准备妥当。

1. 桌椅、席卡

桌椅是最基本的设备,可根据会议的需要来摆设。如果出席人数众多,可不准备嘉宾席卡。如果与会人数较少,一般需要制作席卡,让与会人员方便就座。

2. 茶水

每个与会者的口味不同,有人喜欢喝茶,有人喜欢喝饮料,还有人喜欢喝咖啡。如果没有特殊的要求,矿泉水是每个人都能接受的选择。

3. 签到簿、名册

签到簿可帮助了解与会者的身份与人数,还能使会议组织者根据到会人数安排下一步的工作,如就餐、住宿等。名册可以方便会议组织者尽快掌握与会者的相关资料,加深了解,彼此熟悉。

4. 各种视听器材

投影仪、录像机、激光笔等视听设备给人们提供了极大便利。在召开会议前,必须先检查各种设备是否能正常使用。

5. 资料、样品

如果会议内容为业务汇报或者产品介绍,那么有关资料和样品是必不可少的。结合资料、展示样品介绍产品的特点和优点,比起泛泛而谈,会留给大家更深刻的印象。

(三)会议的座次安排

1. 小型会议座次安排

小型会议一般是指参加者较少、规模不大的会议。它的主要特征是全体与会者均应排座,不设立专用的主席台。小型会议有工作周例会、月例会、技术会议、董事会等类型。

(1)自由择座。基本做法是不排固定的座次,由全体与会者自由选择座位就座。

(2)面门设座。一般以面对会议室正门之位为会议主席之座,即尊位。采用这种形式时,会议主席坐在离会议门口最远的桌子末端。主席两边是参加会议的客人和拜访者的座位,或高级管理人员、助理的座位,方便帮助主席分发有关材料、接受指示或完成主席在会议中交办的事情,如图5-1所示。

(3)依景设座。所谓依景设座,是指会议主席的具体位置,不必面对会议室正门,而是应当背依会议室之内的主要景致之所在,如字画、讲台等,如图5-2所示。

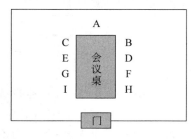

图5-1 面门设座

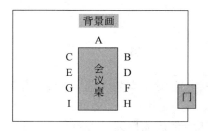

图5-2 依景设座

2. 大型会议座次安排

大型会议一般是指与会者众多、规模较大的会议,如企业职工代表大会、报告会、经验交流会、新闻发布会、庆祝会等。它的最大特点是会场上分设主席台与群众席。主席台必须认真排座,群众席的座次则无特定要求。

(1) 主席台排座。大型会场的主席台,一般应面对会场主入口。主席台与群众席上就座的人呈面对面之势。主席台上的成员应放置双面的席卡。

① 主席团排座。按照国际惯例,主席团位次规则为:前排高于后排,中央高于两侧,右侧高于左侧,如图5-3所示。我国的惯例正好相反,为左侧高于右侧,如图5-4所示。左右的基准是顺着主席台上就座人的视线,而不是以群众席中人的视线为准。

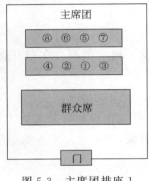
图5-3 主席团排座1

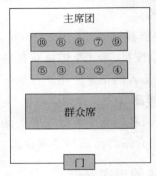
图5-4 主席团排座2

② 主持人座席。会议主持人又称大会主席,其位置有三种:一是居于前排正中央;二是居于前排两侧;三是按其具体身份排座,但不宜令其就座于后排。

③ 发言者席位。在正式会议上,发言者发言时不宜坐于原处。发言席的常规位置有两种:一种是主席台的正前方,如图5-5所示;另一种是主席台的右前方,如图5-6所示。

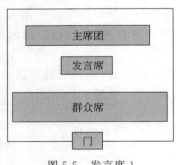
图5-5 发言席1

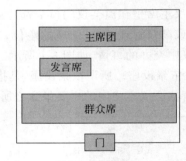
图5-6 发言席2

(2) 群众席排座。群众席具体排座方式有两种。一种是自由择座;另一种是按单位就座,单位顺序可凭与会单位(部门)的汉字笔画的多少、汉语拼音字母的前后顺序,也可以按约定俗成的序列。按单位(部门)就座时,一般以前排为高、后排为低;若分为不同楼层,则楼层越高,排序越低。

群众席的排座有两种普遍通行的方式。

① 以面对主席台为基准,自前往后进行横排,如图 5-7 所示。
② 以面对主席台为基准,自左而右进行竖排,如图 5-8 所示。

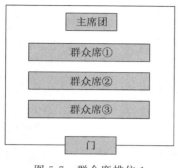

图 5-7　群众席排位 1

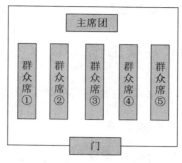

图 5-8　群众席排位 2

二、与会者的礼仪

(一)入席礼仪

出席会议人员必须准时到达会议现场。作为贵宾或嘉宾被邀参加会议时,要按照席卡在规定的座位就座,不要中途离席,确有必要离席时,要在会议中间休息时离场。以一般身份出席者,应在指定区域就座。就座时,要尽量先坐满前排,按顺序往后排就座。列席代表应格外注意个人身份,例如,表决议程的会议,列席代表是没有表决权的,千万不要举手表决。

(二)着装举止得体得当

会议出席人员原则上应着正装,正装色彩、图案素雅简洁。参加会议时,要坐姿端正,专心听讲,不要随意走动、说话,手机要关闭或调到静音模式。

(三)客随主便,听从安排

出席会议人员要一切听从主办方的安排,按照会议要求,积极参加会议的一切活动,并尽可能利用各种机会与其他代表交流信息,联络感情,增进友谊,拓宽人脉。

礼仪小知识

商务会议的禁忌如下。
(1)发言时不可长篇大论,滔滔不绝(原则上以 3 分钟为限)。
(2)不可从头到尾沉默到底。
(3)不可引用不正确的资料。
(4)不要只谈期待性的预测。
(5)不可进行人身攻击。
(6)不可打断他人的发言。

(7) 不可不懂装懂,胡言乱语。

(8) 不可对发言者吹毛求疵。

(9) 不要中途离席。

三、会议后续工作

会议结束后,应做好必要的后续工作。后续工作大致包括以下三个方面。

(一) 形成文件

形成文件包括会议决议、会议纪要等。一般要求尽快形成,会议一结束就下发或公布。

(二) 处理材料

根据工作需要与有关保密制度的规定,应对与会议有关的一切图文、声像材料进行细致的归类、整理,并按照规定与惯例,认真对相应文件进行汇总、归档、回收、销毁。

礼仪小故事

某天,天骏公司召开部门经理会议,针对公司的主打产品 Y 讨论下一季销售策略。总经理很希望能借此会议商议出有效的 Y 产品销售策略,争取在竞争对手林立的市场中抢占先机。会议开了很久,进行得也很顺利。会议上大家踊跃发言、献计献策,最终集思广益商议,制订了不少可行的好策略。会后,大家都为此感到很兴奋,对下一季的商品销售充满了信心。

但当这一季的销售结果出来,大家都很郁闷:公司 Y 产品的销售并没有太显著的上升,倒是自己的竞争对手 K 公司,居然采用了和自己差不多的营销策略,产品销售和本公司几乎打成平手! 大家对这样的"巧合"感到很不解。

后来,有心人多方查找原因,终于知道了竞争对手是如何窃取了他们公司的商业秘密。原来,问题就出在那天的会议上。当会议结束后,大家高兴地离开了会场,负责会务工作的秘书看到时间已晚,没有及时清理会场,只匆匆收拾了会议记录和几份重要的文件资料,就下班了。第二天一早,打扫卫生的清洁工来到现场,很认真负责地把桌上、地上的废纸、垃圾全部清理出去⋯⋯竞争对手就这样捡了个大便宜,毫不费力地获取了对手的商业秘密。

(三) 协助返程

若是大型会议,在会议结束后,其主办单位一般应为外来的与会者提供返程帮助。若有必要,应主动为对方联络、提供交通工具,或是替对方订购、确认返程机票、船票、车票。当与会的特殊人士离开本地时,还可安排专人送行,并帮助其托运行李。

第二节　商务洽谈礼仪

商务洽谈不仅是为接下来的商务合作做好铺垫,也是一项礼仪性较强的商务活动。因此,掌握必要的洽谈礼仪规范,这既是成功进行商务合作的前提,也是商务人员文明修养的重要展现。

一、洽谈的准备

1. 人员准备

商务洽谈之前要先确定洽谈人员,除了要与对方洽谈代表的身份、职务相当外,还要注意洽谈人员的知识、能力、性格等素质的合理配置。

2. 礼仪准备

洽谈代表要有良好的综合素质,洽谈之前应整理好自己的仪容仪表,穿着要整洁正式、庄重。

3. 技术准备

洽谈前一定要详尽地了解双方形势、目标、意图和退让的幅度,做到知己知彼。

4. 洽谈会场的布置

采用长方形或椭圆形的桌子,门右手座位或门的对面座位为尊,应让给客方。

5. 洽谈内容的准备

洽谈前应对会谈的主题、内容、议程做好充分的准备,制订好计划、目标及会谈策略。

二、洽谈座次的安排

商务洽谈的形式有双边洽谈和多边洽谈。洽谈的座次,因双边洽谈和多边洽谈而有所不同。

1. 双边洽谈

双边洽谈通常用长方形或椭圆形的桌子,宾主相对而坐。长方形桌子摆放主要有以下两种形式。

（1）横桌式。横桌式座次排列,即长方桌在会议室内是横着摆放,客方面门而坐,主方背门而坐。双方主谈者居中就座,各方的其他人员依其具体身份的高低,各自先右后左、自高而低地分别在己方一侧就座,如图5-9所示。双方主谈者的右侧之位,在国内谈判中可坐副手,而在涉外洽谈中则应由译员就座。记录人员一般安排在后面就座。

> **礼仪小故事**
>
> 小王是某大学的高才生,毕业后到一家外贸公司工作。不久,领导派他接待一位英国客户。在几天的观光游览中,小王凭借流利的英语和丰富的历史文化知识赢得了客户

的好感。在正式的贸易会谈时,小王自认为与客户已熟悉,便大模大样地坐在客户身旁,没有注意到英国客户自带的翻译就在身后。公司领导向小王示意,但小王却浑然不觉。领导只好命令小王坐回自己该坐的位置,众目睽睽之下,小王尴尬万分。

(2)竖桌式。竖桌式座次排列,是指长方桌在会议室内是竖着摆放。具体排位时以进门时的方向为准,右侧由客方就座,左侧由主方就座,如图5-10所示。在其他方面,则与横桌式座次排列相仿,如图5-9所示。

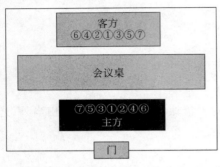

图5-9 横桌式双边洽谈

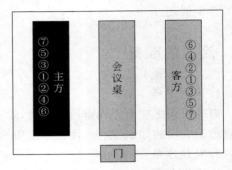

图5-10 竖桌式双边洽谈

2. 多边洽谈

举行多边洽谈时,为了不失礼,按照国际惯例,均使用圆桌,这样可以淡化尊卑界限。

无论何种洽谈,有关各方与会人员都应尽量同场、同时就座。主方人员不应在客方人员之前就座。

礼仪小知识

圆桌会议是指一种平等对话的协商会议形式,是一个与会者围圆桌而坐的会议。在国际会议的实践中,主席和各国代表的席位不分尊卑,圆桌会议可避免其他排座方式中一些代表席位居前、居中,另一些代表居后、居侧的矛盾,更好体现各国平等原则和协商精神。

据说,这种会议形式来源于英国亚瑟王的传说。亚瑟王在与他的骑士们共商国是时,大家围坐在一张圆形的桌子周围,骑士和君主之间不排位次。圆桌会议由此得名。至今,在英国的温切斯特城堡还保留着一张这样的圆桌。关于亚瑟王和圆桌骑士的传说虽然有着各种各样的版本,但圆桌会议的精神则是延续不变的。第一次世界大战之后,这种形式被国际会议广泛采用。

三、洽谈的礼仪

为了在洽谈中取得成功,必须遵循洽谈过程中的一些礼仪规范。

(一)提前约定时间,按时赴约

从事商务活动的人都有较强的时间观念。在商务洽谈之前,双方应提前约定时间,做好洽谈的准备。一旦约定,双方都必须按时赴约,若迫不得已需要更改时间,应提前通知对方。言而无信的商务伙伴,失去的不仅仅是信用,更是双方真诚合作的机会。

(二)及时到场,礼貌入座

洽谈者应神态自然、步态轻松、稳健地步入会场,从椅子的左侧入座,坐下后身体要保持端正。不转动座椅、不跷"二郎腿",不要将脚向前伸或置于座椅的下面。女性坐下时要注意整理裙装,两腿并拢。主方人员应待客方人员入座后再入座。

(三)自我介绍要得体

洽谈双方接触时的第一印象十分重要,言谈举止要尽可能得体友好。做自我介绍时要自然大方,不卑不亢,不要表现得过于傲慢。被介绍时应起立微笑示意,在做完自我介绍后,可双手递上名片,加深对方对自己的印象,也便于日后联络。

(四)创造和谐的洽谈气氛

介绍完毕要进行简短的问候致意。首次交谈时,可围绕双方共同感兴趣的话题进行,以便引起共鸣、沟通感情,创造和谐的洽谈气氛,为正式洽谈奠定良好的基础。

📖 礼仪小故事

被美国人誉为销售权威的霍伊拉先生,一次要去梅依百货公司拉广告,事先了解到这个公司的总经理会驾驶飞机。于是,在和总经理见面互做介绍后,便随意地说了一句:"您在哪里学会开飞机的?"一句话触发了总经理的谈兴,他滔滔不绝地讲了起来,气氛显得轻松愉快,不但广告有了着落,霍伊拉还被请去乘了总经理的自用飞机,并和总经理交上了朋友。

(五)保持风度

1. 举止优雅适度

洽谈过程中注意坐、站、行的姿态,并且谈判时应目光注视对方,并停留在对方双眼至前额的三角区范围内。这样会使对方感到被关注、被尊重。手势自然,不宜做大幅度的手势,以免给对方留下轻浮之感。切忌双臂在胸前交叉,那样会显得十分傲慢无礼。

2. 语言适度,语气委婉

洽谈时应做到心平气和,处变不惊,不急不躁,冷静处事。言辞不可过激或追问不休,以免引起对方反感甚至恼怒。洽谈双方都代表了各自企业的利益,只有运用恰当得体的语言、委婉的语气才会给对方好感,变不利因素为有利因素。

3. 人事分开,礼遇对手

商务洽谈中,双方是"各为其主"的关系,因此,不要向对方提出不切实际的要求,或是一厢情愿地渴望对方向自己施舍或回报感情。在洽谈中要做到人与事分离,在保持对"事"严肃的同时,要注意对"人"的友好;对"事"不可以不争,对"人"不可以不敬。洽谈中,朋友会成为对手,洽谈之外,对手可以成为朋友。

第三节　商务展览会礼仪

展览会是指通过实物并辅以文字、图像或示范性的表演来展现社会组织成果,以提高组织形象、促进产品销售的一种商务活动。展览会涉及大量的公共关系,是各社会组织塑造最佳形象的好机会。

一、展览会的筹备

(一)参展单位的确定

主办单位应事先以适当的方式,向拟参展单位发出正式的邀请或召集。邀请或召集的主要方式为:刊登广告、寄发邀请函、召开新闻发布会等。同时应将展览会的宗旨、展出主题、参展单位范围与条件、展览会举办时间与地点、报名参展的具体时间及地点、所应负担的基本参展费用、咨询有关问题的联络方式等,明确告知参展单位。

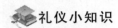礼仪小知识

博览会邀请函

亲爱的×××女士:

很荣幸地宣布,我们将举办一次博览会。在本次博览会中,将展出我公司的所有产品,包括最新的产品:××××。我公司的流水线也将开放给参观者。

随信,我们附送邀请卡一张。凭该卡入场。每人一卡。

欲需,请与博览会执行委员会秘书×××女士联系,电话号码是:×××××。

此致

敬礼!

××公司××部××

确定参展单位名单之后,主办单位应及时以专函进行通知,以便参展单位尽早准备。

(二)展览现场的布置

展览会布置的基本要求是各种展品围绕既定的主题,合理搭配、互相衬托、相得益彰,使之在整体上井然有序、浑然一体。具体包括展位的合理分配,文字、图表、模型与实物的拼装,灯光、音响、饰件的安装,展板、展台、展厅的设计与装潢等。

(三)展示位置的分配

所有参展单位都希望自己能够在展览会上拥有理想的位置,因此,较为理想的展位常常竞争较为激烈。通常情况下,可采用竞拍、投标、抽签、按报名顺序等方法对展位进行合理分配。组织者均须事先公布分配方式,以便参展单位早作准备,尽量使其选到称

心如意的展位。

（四）安全保卫事项

展览会的组织者对有关安全保卫事项应予认真对待，避免由于事前考虑不周而发生意外。举办规模较大的展览会时，最好从合法的保卫公司聘请一定数量的安保人员。同时，应在展览会入口处或展览会的门券上，将参观时具体的安全注意事项正式成文列出，以降低意外发生的概率。

（五）辅助服务项目

主办单位作为展览会的组织者，有义务为参展单位提供一切必要的辅助性服务项目，并对参展方详尽说明有关费用支付的问题。主要包括：展品的运输与安装；车（船、机）票的订购；与海关、商检、防疫部门的协调；跨国参展时有关证件（证明）的办理；电话、传真、计算机、复印机等现代化通信联络设备的提供；举行洽谈会、发布会等商务会议或休息时所使用的场所；餐饮以及有关展览时使用的零配件的提供；供参展单位选用的礼仪、讲解、推销人员等。

二、展览会各方礼仪

展览会一般包括主办方、参展单位、来宾三方人员。在展览会中，三方角色不同，其应有的礼仪也有所不同。

（一）主办方礼仪

主办方的工作人员应注意以下礼仪。

1. 塑造良好形象

主办方工作人应注重塑造自己的良好形象，包括衣着得体，容貌干净整洁、适度修饰，举止端庄文雅，谈吐文明礼貌。良好形象不但为个人增光添彩，也为组织增光添色。

2. 提供优质服务

主办方工作人员应为参展单位及其工作人员提供各项优质服务，对既定的展期、展位、收费标准等，不能随意改动。

（二）参展单位礼仪

1. 维护整体形象

参展单位的整体形象主要由展示之物的形象与工作人员的形象两个部分构成。对于二者要给予同等重视。

（1）展示之物的形象。展示之物的形象主要由展品的外观、质量、陈列、布置以及发放的相关资料等构成。展品的外观应力求完美无缺，质量要优中选优，陈列要整齐美观、讲究主次，布置上要突出主题，吸引参观者的注意力，宣传资料要精美、图文并茂、资讯丰富，并醒目地标出参展单位的主要联络方式。

（2）工作人员的形象。一般情况下，工作人员应统一着装。最佳的选择，是身穿本单位的制服，或者是穿深色的西装、套裙，同时佩戴标明本人单位、职务、姓名的胸卡。安排迎送宾客的专门人员，最好身穿色彩鲜艳的单色旗袍，胸披写有参展单位或其主打展品名称的大红绶带。

礼仪小故事

在国际展览中心的一次国际制冷展上，美国"TRAE"公司取得了极大成功，来宾被"TRAE"公司独特的展示设计所吸引。在亮丽的背景幕布上，悬挂着一张巨幅风景画，象征着"TRAE"公司为改善人们的生存环境而奋斗的目标。在展台上，两位美丽动人的小姐带着微笑和来宾合影，一位专业摄影师用一次成像的相机把这一幕变成永恒。短短几天，大约4000人得到了自己与"TRAE"公司小姐的合影的照片。"TRAE"公司成功的展览礼仪策划，一时被传为佳话。

2. 注意礼貌待人

在展览会上，参展单位的工作人员必须意识到参观者是自己的上帝，为其热情而竭诚服务是自己的天职。

（1）迎宾。展览一旦正式开始，全体参展单位的工作人员应各就各位，站立迎宾。不允许在参观者到来之时静坐不起，怠慢参观者。

（2）问候。当参观者走近自己的展位时，工作人员要面带微笑，主动问候："您好！欢迎光临！"并用手势示意，向对方说："请您参观。"

（3）参观。当参观者在本单位的展位上参观时，工作人员可随行于其后，以备对方向自己咨询，也可以请其自便，不加干扰。对于参观者提出的问题，工作人员要认真回答，不允许置之不理，或以不礼貌的言行对待对方。

（4）送客。当参观者离去时，工作人员应当真诚地向对方欠身施礼，并道以"谢谢光临"或是"再见"。

礼仪小知识

接待人员一定要避免与参观者发生直接冲突。

3. 善用解说技巧

展览会上，解说人员要善于因人而异，使解说具有针对性，同时，要突出自己展品的特色。在实事求是的前提下，要注意扬长避短。必要时，还可邀请参观者亲自动手操作，或由工作人员进行现场示范。

（三）来宾礼仪

参加展览会的来宾应自觉遵守展览会的要求与秩序，不大声喧哗，不嬉笑打闹，不乱摸、乱碰、乱拿展品，不随地吐痰、乱扔垃圾。爱护展览会环境、遵守展览会礼仪要求，言谈举止文明礼貌，做一名处处受欢迎的来宾。

第四节　新闻发布会礼仪

新闻发布会简称发布会,也称记者招待会,是一种主动传播有关信息、谋求与新闻界客观公正互动的有效沟通方式。商界的新闻发布会,有的类似广告宣传,有的则是就某一重大事件做出解释。

一、发布会的准备工作

新闻发布会的筹备工作非常多,其中较为重要的几项是主题的确定、时间和地点的选择、媒体的邀请、人员的安排、材料的准备和布置会场。

（一）确定发布的主题

新闻发布会的主题是否得当,直接关系到本单位的预期目标能否实现。发布会的主题一定要有新闻价值,否则难以引起媒体的兴趣。同时,主题应集中、单一,不能同时发布几个不相关的信息。

（二）确定时间和地点

新闻发布会的时间,最好控制在两个小时以内;应尽量避开节假日和重大社会活动,避开国际、国内的重大新闻发布会,避免与新闻界的重点宣传报道"撞车"。举行新闻发布会的最佳时间,是每周一到周四的上午10点到12点、下午3点到5点,除特殊紧急事件外,周五不适宜举办新闻发布会,因为临近周末,人们的工作热情不高。

发布会一般在本单位或较有名气的宾馆、会议厅等举行。若希望造成全国性影响,则可在首都或某大城市著名酒店、会议厅举行。不论选择在哪里,都应优先考虑交通便利、设备齐全、规模适中的地点。

（三）邀请相关媒体

根据发布会的主题,有选择地邀请新闻界人士参加,要充分考虑新闻的地域(全国、地方)和形式(报纸、杂志、广播、电视)等因素。在邀请对象确定后,要提前一周送请柬,并在发布会前一两天通过电话落实。

（四）人员的安排

在新闻发布会的准备中,主办方必须认真做好主持人、发言人和礼仪接待人员的安排工作,这是确保新闻发布会顺利进行的关键。

主持人的基本要求是见多识广、反应灵敏、善于交际、善于把握大局,具有现场调控能力。主持人通常由主办单位的公关部负责人或是办公室主任担任。

发言人应与新闻界关系较为融洽、思维敏捷、知识渊博,具有良好的修养。发言人是会议的主角,通常由企业的主要负责人担任。

除了主持人和发言人之外,主办方还应精选一些工作人员负责发布会的礼仪接待工作。礼仪接待人员应由相貌端正、气质良好、认真负责、善于表达沟通的年轻女性担任。

(五) 材料的准备

根据发布会的主题全面收集有关资料,针对记者可能提出的问题、写出通俗、准确、生动的书面发言稿供发言人参考。另外,应事先归纳出宣传内容的要点和背景,整理成详细的资料,即报道提纲。同时可准备一些与会议主题相关的图片、实物、影像等辅助资料。材料要编写得系统、简洁。

(六) 布置会场

应在发布会开始之前,布置好会场。会场的布置应庄重、正式、整洁。此外,需要调试好会场的灯光、音响、摄像、网络等设备,以方便记者工作。

二、现场应答

(一) 会议主持

会议主持人要始终把握会议主题,维持好会场秩序。对于要公开发布的信息,主持人要和发言人保持一致的口径,不允许与主持人"顶牛",更不允许越俎代庖。当新闻记者提出的某些问题过于尖锐、难以回答时,主持人要想方设法转移话题,不使发言人难堪。

(二) 发言人讲话

新闻发布会是企业同媒体打交道的一次很好的机会,值得珍惜。发言人代表的是企业形象,会对公众产生重大影响。因此,发言人要注意自己的仪容仪表、气质风度,讲话内容务必真实可靠,表达方式应通俗、准确、生动。

(三) 现场应答的礼仪规范

(1) 把控好发布会的时间。宣布会议的主要内容、提问范围及会议进行的时间,一般不要超过两个小时。主持人、发言人讲话时间不宜过长,否则,会影响记者提问。

(2) 对记者所提的问题应逐一予以回答。面对记者的各种刁钻问题,主持人和发言人要掌控全局,沉着应变,巧妙应对,不可与记者发生冲突。

(3) 当主持人邀请某位记者提问之后,发言人一般要给予对方适当的回答。否则,对那位新闻记者和主持人都是不礼貌的。

(4) 主持人和发言人会前不要单独会见记者或提供任何信息。

三、善后事宜

新闻发布会举行完毕之后,主办单位应在一定时间内进行一次认真的善后工作。一般而言,需要认真处理的事情有以下三项。

(一)了解新闻界的反应

发布会之后,应关注新闻发布会的效果,监控媒体发布情况,了解有多少媒体代表发表了新闻稿,收集反馈信息,总结经验。

(二)整理保存会议资料

整理保存发布会的有关资料,制作会议剪报,制作发布会成果资料集(包括来宾名单、联系方式整理清单、发布会各媒体报道资料集、发布会总结报告等),既可在此基础上制作相应的宣传资料,又可为此后举行同一类型的会议提供借鉴。

(三)酌情采取补救措施

对新闻发布会之后出现的不利报道,具体分析后要采取相应措施。面对事实准确的批评性报道,应闻过即改,虚心接受;面对因误解而出现的失实性报道,应通过适当途径加以解释,消除误解;面对有意歪曲事实的敌视性报道,应在讲究策略、方式的前提下有力还击,立场坚定。

【即学即练】

★ 基本知识

一、判断题

1. 会议座次有讲究,主宾面对门,主人背对门,其他人员依次按照顺序就座。(   )
2. 在参加会议时,无须签到。(   )
3. 按照国际惯例,会议主席团位次的基本原则有三点:一是前排高于后排;二是中央高于两侧;三是右侧高于左侧。在我国,也是右侧高于左侧。(   )
4. 会议中尽量不要中途离开会场,若有事必须离开,也要轻手轻脚,不要影响发言人和其他与会者。(   )
5. 洽谈室内长桌横放,面对洽谈室正门的一侧为上座。(   )
6. 主谈人员的翻译安排在主谈人员左侧就座。(   )
7. 参展单位的工作人员应礼貌待人。当参观者走近时,应道以"请您参观。";当参观者离去时,应真诚地向对方欠身施礼,并道以"谢谢光临!"或是"再见!"。(   )
8. 新闻发布会的主持人通常由主办单位的公关部负责人或是办公室主任担任。
(   )

二、选择题

1. （单选）（   ）即会议的指导思想，指会议主要讨论什么问题或通过会议得到什么结果。
   A. 会议议程   B. 会议主题   C. 会议日程

2. （单选）确定与会人员名单的方法之一是（   ）。
   A. 查找有关文件、档案资料   B. 抽查
   C. 根据签到人数检查   D. 数人数

3. （多选）主持人座位的具体位置可供选择的有：一是（   ），二是（   ），三是（   ）。
   A. 居于前排正中央   B. 居于前排两侧
   C. 按其具体身份排座   D. 坐于后排

4. （多选）商务洽谈的形式可以分为（   ）。
   A. 双边洽谈   B. 边吃边谈   C. 两人对谈   D. 多边洽谈

5. （单选）商务洽谈时的长桌一端向着正门，则以进门时的方向为准，（   ）。
   A. 左为客方，右为主方   B. 右为客方，左为主方
   C. 主客交叉就座   D. 不分左右，随意就座

6. （单选）在展位上工作的人员应当统一着装。最佳的选择是（   ）。
   A. 本单位的制服   B. 深色的西装
   C. 套裙   D. 以上都是

7. （单选）举行新闻发布会，一般星期（   ）不作考虑。
   A. 一   B. 二   C. 三   D. 五

8. （单选）一次新闻发布会的时间应当限制在（   ）小时以内。
   A. 1   B. 2   C. 2.5   D. 3

9. （多选）新闻发布会举行完毕之后，主办单位需要在一定的时间内对其进行一次认真的善后工作。一般而言，需要认真处理的事情有（   ）。
   A. 了解新闻界的反应   B. 整理保存会议资料
   C. 酌情采取补救措施   D. 不问不管不顾

10. （多选）新闻发布会后的不利报道大致可分为（   ）。
    A. 事实准确的批评性报道   B. 因误解而出现的失实性报道
    C. 略带讽刺的中性报道   D. 有意歪曲事实的敌视性报道

三、简答题

1. 举办商务会议要准备哪些会议用品？
2. 商务洽谈要做哪些准备？

★ 案例分析

小刘的公司应邀参加一个商务会议，该会议邀请了很多商界知名人士及新闻界人士参加。老总特别安排小刘和他一起去参加，让小刘也见识一下大场面。

开会这天小刘早上睡过了头，等他赶到，会议已经进行了20分钟。他急忙推开了会

议室的门,"吱"的一声脆响,他一下子成了会场上的焦点。刚坐下不到 5 分钟,肃静的会场响起了摇篮曲,是谁放的音乐?原来是小刘的手机响了!这下,小刘可成了全会场的"明星"。

没多久,听说小刘已经"另谋高就"了。

问题:

1. 小刘失礼的地方表现在哪里?
2. 参加各种会议应该注意哪些礼仪?

★ 技能实训

商务会议礼仪

一、训练内容

训练学生座次安排能力,主持人、发言人及与会者的礼仪技巧运用能力。

二、情境设置

华南海洋公司为表彰一年来为公司发展做出突出贡献的人员,将举行总结表彰会议,公司 7 位领导将全部出席,会议由分管销售的张经理主持,刘总经理将做重要讲话,有两位典型代表将发言,与会人员约 50 人。就此次会议进行安排,并演练会议过程。

三、训练组织

课余时间布置实训内容,指定 7 位同学担任上述不同角色,其他同学扮演与会者。根据上述情景,演练开会过程,并展现座位安排,主持人、发言人及与会者的礼仪技巧运用能力。

四、教学安排

(1) 教学场地:教室。
(2) 教学设备:桌椅、台布等。
(3) 教学课时:30 分钟。
(4) 教学评价:由教师及同学代表共同打分,教师作综合点评。

五、考评标准

考核项目	考核内容	分值	自评分	小组评分	实得分
商务会议礼仪	课前的准备	20			
	座次安排	50			
	主持人礼仪	10			
	发言人礼仪	10			
	与会者礼仪	10			

第六章 商务仪式礼仪

【学习目标】

知识目标

- 了解开业仪式的作用、表现形式,掌握开业仪式的筹备、程序和礼仪。
- 了解剪彩仪式的准备工作、程序以及礼仪规范。
- 了解签字仪式的准备工作、座次安排及程序。

技能目标

能够正确地组织或参加开业、剪彩、签字等各项礼仪活动。

【本章知识结构图】

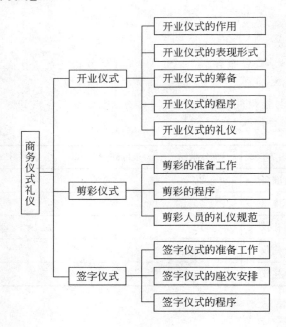

【案例情景】

剪彩是20世纪才开始盛行的一种仪式,它源于一次偶然事件。

1912年,美国圣安东尼奥州的华狄密镇上,有一家大百货公司将要开张。老板威尔斯为了讨个利市,严格地按照当地的风俗办事,一大清早就把店门打开,并在门前横系着一条布带。万事俱备,只等正式开始的时刻了。但万万没有想到,在正式开张前不久,老板的十岁小女儿牵着一条哈巴狗,从店里匆匆地跑出店外,无意中碰断了横在门前的布带。这时在门外久候的顾客以及过路行人,以为该公司开始正式营业了,于是蜂拥而入,并且争先恐后地购买货物,真是生意兴隆,大开利市。

不久以后,当威尔斯的第二分公司开张时,他忽然想起第一次开张时的盛况。为了发财致富,老板又如法炮制一番,效果自然不错。

后来,人们效仿此法,又用彩带取代了色彩单调的布带,并用剪刀剪断彩带,有的甚至用金制剪刀。这样一来,人们就正式给这一活动起了"剪彩"的名称。

时至今日,剪彩已风靡全球,成为商业庆典的一个重要仪式,并逐渐形成了一整套礼仪规范和要求。

【理论专栏】

商务仪式是企业为了庆祝或纪念某个重要日子、重大事件而举行的气氛热烈而隆重的仪式。举办商务仪式,既可以表明企业对此项活动庄重、严肃的态度,又可以借此扩大企业的社会影响,塑造良好的企业形象。

第一节 开业仪式

开业仪式是指在单位创建、开业、项目完工、落成,某一建筑物正式启用,或是某项工程正式开始之际,为了表示庆贺或纪念,而按照一定的程序隆重举行的专门的仪式。有时,开业仪式也称作开业典礼。

一、开业仪式的作用

开业仪式是企业在公众面前的第一次亮相。大多数企业都希望通过开业仪式树立一个良好的形象,为将来的发展奠定基础。因此,开业仪式对企业有着至关重要的作用。

(一)宣传推广本企业

开业仪式可以让外界第一时间知道企业的存在,提高其知名度和美誉度,有助于扩大本企业的社会影响,吸引社会各界的重视与关注。

(二)促使员工产生凝聚力

企业形象好、名气大,会促使员工产生荣誉感和尊严感,进而形成一种主人翁意识,能够更加积极主动地投入工作中去。热烈而隆重的开业仪式能够增强组织内部员工的凝聚力和向心力。

（三）与社会各界形成互动

开业仪式会邀请社会各界人士参加。把客人请来，让支持过自己的社会各界人士一同分享成功的喜悦，为日后的进一步合作奠定良好的基础。

二、开业仪式的表现形式

开业仪式是众多仪式礼仪的统称。在不同的场合，具有不同的表现形式，如开幕仪式、奠基仪式、破土仪式、竣工仪式、通车仪式、下水仪式等。它们都要按照仪式礼仪的规范严格执行。

（一）开幕仪式

开幕仪式是指在公司、企业、宾馆、商店、银行等正式启用之前，或者是各类商品的博览会、展示会、订货会正式开始之前所举行的开业仪式。另外，还包括文化艺术节、电影博览会的开幕等。开幕仪式举行之后，公司、企业、宾馆、商店、银行将正式营业，有关商品的博览会、展示会、订货会将正式接待顾客与观众。

开幕仪式要选在比较宽敞的空间中进行，如门前广场、展厅门前、室内大厅等都是较为合适的地点。为了表示纪念，还应专设一个签到处，恭请各位来宾留下姓名。

📖 礼仪小故事

2021年12月28日，某公司开业，商厦搞了一次别开生面的开业典礼活动，他们请来了市里的几位劳模进行"传帮带"活动，现场传经，柜台示范，解决了该公司新职工经验不足的难题。

开业那天，劳模们穿上各自的店服，胸戴奖章，身披绶带，开业典礼上他们与当地领导一起剪彩。随后，人群立即随劳模拥向柜台，争相目睹劳模的风采，人们对劳模的服务赞不绝口。

开业的短短几天，该商厦热闹非凡，营业额大大超过了预期目标，社会效益也非常显著。

（二）奠基仪式

奠基仪式通常是一些重要的建筑物，如大厦、场馆、亭台、楼阁、园林、纪念碑等，在动工修建之初所正式举行的庆贺性活动。奠基仪式的举行地点应选择在动工修建建筑物的施工现场，一般在建筑物的正门右侧。在奠基仪式的举行现场设有彩棚，安放该建筑物的模型、设计图、效果图，并使各种建筑机械就位待命。

用来奠基的奠基石应是一块完整无损、外观精美的长方形石料。右上款为建筑名称，中间为"奠基"两个大字，左下款为奠基单位名称及奠基的年月日。字体应当以楷书竖写，最好是白底金字或黑字。在奠基石下方或一侧，应安放一只铁盒。内装与该建筑有关的各项资料及奠基人姓名，届时它将与奠基石一同被奠基人等培土掩埋。

📝 **礼仪小故事**

亚洲大酒店开始筹建时,酒店的经营者们就在寻找开展公共关系活动的机会。他们利用的第一个机会便是奠基礼。当天,他们邀请了社会各界公众数百人参加典礼,客人入场时,受到了热情的接待,并且每人得到了一个印有"亚洲大酒店开工纪念"字样的小手包。奠基礼上,宾客们欢声笑语,主持人在介绍了酒店的建设规模、未来发展和经营的目标后,由筹建大酒店的负责人宣布:"两年后,亚洲大酒店建成之时,凡持有纪念包的客人住店,均享受八折优惠。"语音刚落,便立即赢得满堂喝彩。

(三)破土仪式

破土仪式是指在桥梁、道路、河道、厂房、纪念碑等正式开工之初,专门举行的动工仪式。破土仪式应选择在工地的中央或其某一端举行。应事先进行清扫、整理与装饰会场,会场的布置应突出热烈、喜庆的气氛。

倘若来宾较多,尤其是当高龄来宾较多时,最好在现场附近临时找寻一些可供休息的帐篷或活动房屋,使来宾免受风吹、日晒、雨淋,同时以备来宾能稍事休息。

其常规的做法是:首先,由众人环绕于破土之处的周围肃立,并且目视破土者以示尊重。其次,破土者须双手执系有红绸的新锹垦土三次,以示良好的开端。最后,全体在场者一道鼓掌,并由主办方演奏喜庆的乐曲或燃放鞭炮。

(四)竣工仪式

竣工仪式又称落成仪式或建成仪式,是指本单位所属的某一建筑物或某项设施建设、安装工作完成之后,或者是某一纪念性、标志性建筑物(如纪念碑、纪念塔、纪念堂等)建成之后,以及某种意义特别重大的产品生产成功之后,专门举行的庆贺性活动。举行竣工仪式的地点,应以工程现场为第一选择,如新落成的建筑物之外以及有关的纪念像、纪念碑旁边。

竣工仪式举行时,会场的布置和全体出席者的情绪应与仪式的具体内容相适应。如在庆贺工厂、大厦竣工或重要产品生产成功时,应当表现得欢快而喜悦,可在会场周围点缀些标语、彩旗、气球等;如在纪念像、纪念碑竣工的仪式上,则应烘托庄严而肃穆的气氛。

(五)通车仪式

通车仪式一般是在重要的交通设施完工并验收合格之后,正式举行的启用仪式。如公路、铁路、地铁以及重要的隧道、桥梁等,常在正式交付使用之前,举行一次用来表示庆祝的通车仪式。

通车仪式的地点一般选择在公路、铁路、地铁的某一端,新建隧道的某一侧或者桥梁的某一头。在现场附近以及沿线应当适量地插上彩旗、挂上彩带。在该通车路段上第一次行驶的汽车、火车或地铁列车等要进行装饰,可在车头系上红花,在车身两侧插上彩旗、系上彩带,悬挂大幅醒目标语。

通常,首次正式通车车辆,应由宾主及公众代表一起登车而行。有时,还需由主办方负责人所乘坐的车辆行进在最前方开路。

(六) 下水仪式

下水仪式是指新船建成下水之时专门举行的仪式,是一般造船厂在吨位较大的轮船建造完成、验收完毕、交付使用之际,为其正式下水起航而特意举行的庆祝性活动。

按照目前国际上通行的做法,下水仪式基本上都是在新船码头上举行的。届时,应对现场进行一定程度的美化。如在船舱口与干道两侧,应饰有彩旗、彩带;在新船所在的码头附近,应设置专供来宾观礼或休息等用的彩棚。

> **礼仪小知识**
>
> 掷瓶礼是下水仪式上独具特色的一个节目。它在国外由来已久,并已传入我国,它的目的是要渲染出喜庆的气氛。其方式是由身着礼服的特邀嘉宾双手持一瓶正宗的香槟酒,用力将瓶身向新船的船头投掷,使瓶破之后酒香四溢,酒沫飞溅。在嘉宾掷瓶以后,全体到场者须面向新船行注目礼,并随即热烈鼓掌。此时,还可在现场再度奏乐或演奏锣鼓,施放气球,放飞信鸽,并且在新船上撒彩花、彩带。

三、开业仪式的筹备

开业仪式的要求是热烈、欢快、隆重。一般来说,仪式的筹备内容主要包括舆论宣传、来宾邀请、场地布置、接待服务、礼品馈赠等。其筹备工作应遵循热烈、节俭、缜密三大原则。

(一) 舆论宣传

企业可运用电视、报纸、广播、灯箱、广告牌等大众传播媒介进行开业仪式的集中性宣传,形成舆论宣传的轰动效应,制造先声夺人的舆论宣传氛围。宣传的内容一般包括开业仪式举行的日期、地点,以及企业的经营范围及特色。开业广告一般须在开业前15天发布。

(二) 来宾邀请

开业典礼影响的大小,往往取决于来宾身份的高低和其数量的多少。一般来讲,邀请的来宾包括上级主管部门、地方职能管理部门的负责人,合作部门与同行部门的负责人,社会团体负责人,社会名流、新闻界人士、社区负责人等。

(三) 场地布置

开业仪式多在开业现场正门外的广场或正门内的大厅。根据惯例,举行开业典礼时宾主一律站立,故一般不设主席台或座椅,可在来宾站立处铺设红色地毯。仪式现场四周悬挂横幅、标语、气球、彩带等,在醒目处摆放来宾赠送的花篮、牌匾。同时,要准备好一些重要的仪式用品,如音响、照明设备、来宾签到簿、宣传材料、礼品等。

(四) 接待服务

在举行开业典礼的现场,一定要有专人负责来宾的接待工作。可在本单位选派年轻、精干、形象较好的人员负责一般来宾的迎送、引导、陪同、招待等;也可聘请礼仪公司负责策划与接待工作;来访贵宾则需本企业的主要负责人亲自出面接待。

(五) 礼品馈赠

开业仪式中赠予来宾的礼品,一般带有宣传性质。可选用本企业产品,或带有组织标志、广告用语、产品图案及开业日期的文化用品和其他日常用品。那些与众不同、具有本企业鲜明特色并体现对来宾的尊重和关心的纪念品,常会受到人们的青睐。

礼仪小知识

根据常规,向来宾赠送的礼品,应具有三大特征。其一,宣传性。可选用本单位的产品,也可在礼品及其包装上印有本单位的企业标志、广告用语、产品图案、开业日期等。其二,荣誉性。要具有一定的纪念意义,使拥有者对其珍惜、重视,并为之感到光荣和自豪。其三,独特性。它应当与众不同,具有本单位的鲜明特色,使人一目了然,并且可以令人过目不忘。

四、开业仪式的程序

一般情况下,开业仪式的程序包括开场、过程和结束三个基本环节。

(一) 开场

主办方应组织相关人员按照计划到达指定位置,典礼开始后,乐队奏乐,主办方邀请来宾就位,宣布仪式正式开始,介绍主要来宾。

(二) 过程

过程是开业仪式的核心环节。通常先由本企业负责人代表讲话,向来宾及祝贺单位表示感谢,并简要介绍本企业的经营特色和经营目标等。接着,来宾代表致辞,主要表达对开业企业的祝贺,并寄予厚望。然后,由上级领导或嘉宾代表和本企业负责人揭去盖在牌匾上的红布,宣告企业正式成立。

(三) 结束

仪式结束后,为了让来宾了解本组织,宣传本企业的产品及服务,宾主一道进行现场参观,或者由主办方组织来宾观赏文艺演出。

五、开业仪式的礼仪

开业是企业的大喜事,无论是开业典礼的组织者,还是来宾,都应注意遵循相应的礼仪规范。

(一)仪容整洁,服饰得体

参加仪式的所有人员都应注意仪容整洁,男士要理发修面,西装革履;女士要适当化妆,宜穿着款式雅致、色彩明亮的服装。

(二)遵守时间,以礼待人

参加仪式的所有人员都应遵守时间、准时入场,不得迟到、无故缺席或中途退场,也不要四处走动,这是对他人的尊重。

(三)言谈举止自重自律

仪式发言人的致辞应有的放矢,简明扼要,吸引他人;其他人员要注意聆听,不要窃窃私语、交头接耳;体姿均应端正,不疏忽小节,手机关闭或设置为静音模式。

第二节 剪彩仪式

在各种开业仪式中,剪彩都是一项不可或缺的重要程序。它可以独立成项,但在更多的时候,它附属于开业仪式。

一、剪彩的准备工作

(一)剪彩场地的准备

在正常情况下,剪彩仪式应在即将启用的建筑、工程或者展销会、博览会的现场举行。正门外的广场、正门内的大厅,这类足以容得下主客双方人员的场地,都是可以优先考虑的。在活动现场的周围,可悬挂彩色气球、条幅,设置彩门等,尽量把现场气氛营造得热烈、隆重。

(二)剪彩用具的准备

剪彩用具包括"彩"和"剪"两部分,"彩"是指缎带和彩球;"剪"包括剪刀、白手套、托盘等。这些都是剪彩仪式上的必备用具。

1. 缎带

缎带一般是红色的,在少数民族地区,也有用白色、黄色和淡蓝色的。质地一般为绸缎,也可用尼龙布替代。

2. 彩球

彩球一般用彩带在中间结上数朵大而醒目的花团,也可用红色扎成花团,再缝制在彩带上。

3. 剪刀

特别要强调的是,剪彩用的剪刀必须是新的、锋利的,便于剪彩者使用。剪刀人手一把,有实力的单位,可专门定制黄金或白金剪刀。待剪彩仪式结束后,主办方将剪刀精美包装后,赠送给剪彩者,以作纪念。

4. 白手套

在正式剪彩仪式上,剪彩者每人戴一双白手套,以示郑重。如剪彩者级别很高,或天气炎热,也可以不戴手套。但作为组织者应当准备,而且要确保手套洁白无瑕、大小适宜。

5. 托盘

在剪彩开始前,托盘用于盛放剪刀、手套;剪彩开始后,托盘主要用于托起剪下的花团、缎带,并收回剪刀、手套。托盘最好是崭新、洁净的,并在上面铺上绒布或绸布。

📝 礼仪小故事

某房地产公司的剪彩仪式上,一位市领导因为要到外地开会,不能参加剪彩活动。房地产公司的负责人为了表示对该领导的尊重,再三邀请,希望其能够挤出时间参加剪彩。恰巧,该领导的会议因此取消了,他在剪彩仪式开始前1分钟赶到了现场,但是负责剪彩仪式所需用具的人员事先没有接到通知,准备的剪刀少了一把。此时,剪彩嘉宾已经上场了,慌乱间只见一位有经验的礼仪人员从自己的工作袋里拿出了一把新剪刀,问题解决了。

(三)确定剪彩人员

剪彩人员由剪彩者和助剪者组成。

1. 剪彩者

根据惯例,剪彩者可以是一个人,也可以是多个人,但是一般不应多于五人。剪彩者多由上级领导、单位负责人、合作伙伴、社会名流、员工代表或客户代表担任。主办方要在仪式之前确定并告知对方,以便剪彩者提前做好准备和安排,这是对剪彩者的尊重。

若剪彩者仅为一人,则剪彩时居中而立即可。若剪彩者不止一人时,上场剪彩时,位次就必须予以重视。一般的规矩是:中间高于两侧,右侧高于左侧,距离中间站立者越远位次便越低,即主剪者应居于中央的位置,如图6-1所示。若剪彩仪式无外宾参加,也可以执行我国"左侧高于右侧"的传统做法。

图6-1 剪彩者的站位

其中,1、2、3、4分别代表剪彩者的站位。

2. 助剪者

助剪者是指协助剪彩者完成剪彩工作的人员,多由本单位年轻女职员担任,也可聘请专业的礼仪小姐。她们的主要任务是牵拉缎带、引导剪彩者走到事先安排的位置、递剪刀、用托盘托住剪下的缎带花团、引导剪彩者去往贵宾休息室。

二、剪彩的程序

剪彩仪式宜紧凑,忌拖沓,所耗时间越短越好。短则一刻钟,长则一个小时。按照惯例,剪彩既可以是开业仪式中的一项具体程序,也可以独立出来,由其自身的一系列程序所组成。独立的剪彩仪式通常应包含以下六项基本程序。

(一)来宾就位

在剪彩仪式上,通常只为剪彩者、来宾和本单位的负责人安排座席。在剪彩仪式开始时,请大家在已排好顺序的座位上就座。一般情况下,剪彩者应就座于前排,若不止一人,则应按照剪彩时的具体顺序就座。

(二)仪式开始

主持人宣布仪式开始,乐队演奏音乐,现场可施放礼花礼炮,全体到场者热烈鼓掌。随后,主持人向全体到场者介绍到场的重要来宾。

(三)奏国歌

此刻须全场起立,现场庄重、肃穆。必要时,也可随后演奏本单位标志性歌曲。

(四)致辞讲话

发言者依次应为东道主单位的代表、上级主管部门的代表、地方政府的代表、合作单位的代表等。致辞内容应言简意赅,每人不超过三分钟,重点分别应为介绍、道谢与致贺。

(五)进行剪彩

主持人宣布开始剪彩时,须向全体到场者介绍剪彩者。剪彩时,全体应热烈鼓掌,必要时还可奏乐或燃放鞭炮。

(六)进行参观

剪彩之后,主人应陪同来宾参观被剪彩之物。仪式至此宣告结束。随后东道主单位可向来宾赠送纪念性礼品,并以自助餐款待全体来宾。

礼仪小故事

某公司举行新项目开工剪彩仪式,请来了张市长和当地各界名流参加,仪式开始前,嘉宾坐在主席台上。仪式开始时,主持人宣布:"请张市长下台剪彩!"却见张市长端坐着没动。主持人很奇怪,重复了一遍:"请张市长下台剪彩!"张市长还是端坐着没动,脸上还露出一丝恼怒。

主持人又宣布了一遍:"请张市长剪彩!"张市长才很不情愿地起来剪彩。

三、剪彩人员的礼仪规范

(一)剪彩人员的仪容仪表

剪彩者的外表要庄重、整齐,着装要正规、严肃,一般着套装、套裙或制服,不允许戴帽子或墨镜,也不允许穿便装。头发要梳理,面部要洁净,给人容光焕发、干净整洁的好印象。在仪式进行中,应始终保持稳重的姿态、洒脱的风度和优雅的举止。

助剪者,即礼仪小姐的最佳装束应为:化淡妆、盘起头发,穿款式、面料、色彩统一的单色旗袍,配肉色连裤丝袜、黑色高跟皮鞋。除戒指、耳环外,不佩戴其他首饰。行为举止要规范,工作要有坚强的自控力和高度的责任心。

(二)剪彩人员的操作规范

进行正式剪彩时,剪彩者与助剪者的具体操作,必须合乎规范。主持人宣布剪彩之后,剪彩者与助剪者需要做的工作有以下几项。

(1)主持人宣布剪彩后,礼仪小姐即应排成一行,率先从两侧同时登台,或是从右侧登台。登场后,拉彩者和捧花者应当站成一行,拉彩者处于两端,拉直红色绸缎,捧花者各自双手捧一朵花团,托盘者则站在捧花者身后约1米,并自成一行。

(2)剪彩者登台时,引导者应在其左前方引导,各就各位。剪彩者登台时,宜从右侧出场。当剪彩者均已到达既定位置后,托盘者应前行一步,到达剪彩者右后侧,以便为其递上剪刀、手套。

(3)在正式剪彩前,剪彩者应首先向拉彩者、捧花者示意,待其有所准备后,剪彩者即可集中精力,右手持剪刀,庄重地将红色缎带一刀剪断。若有多人同时剪彩,则各剪彩者应留意其他剪彩者的动作,以使彼此的剪彩动作协调一致,同时剪断红色缎带。

(4)按照惯例,剪彩以后,红色花团应准确无误地落入托盘者手中的托盘里,切勿使之坠地。

(5)剪彩后,剪彩者将剪刀和手套放回托盘,并举手鼓掌。之后,应依次与举办单位负责人握手道喜,并在引导者的引导下从右侧退场。

(6)待剪彩者退场后,捧花者和托盘者方可列队从右侧退场。

📔 礼仪小故事

在某公司的开业剪彩仪式上,一位剪彩者向拉彩者、捧花者示意后,右手持剪刀表情庄重地去剪红色缎带,但因为用力太小没有一刀剪断。此时,托盘者的托盘已经移位,捧花者又有点心不在焉,结果当剪彩者再补一刀的时候,没有人第一时间接到花团。当花团落地时,在场的所有人员都为之一愣。精心准备的剪彩仪式,就这样陷入了尴尬。

做任何事情都要用心投入,剪彩仪式中的方方面面都需要认真仔细,细节的处理不容忽视。

第三节 签字仪式

签字仪式是商务活动中,合作双方或多方经过会谈、协商,形成了某项协议或协定,由各方代表在有关协议或合同上签字,并互换正式文本的仪式。这是一种比较隆重的活动,相关的礼仪规范也比较严格。

一、签字仪式的准备工作

在商务交往中,签字仪式对组织具有重要意义,组织应予以充分准备,通常要做好以下几个方面的准备工作。

(一)签字现场的布置

签字现场的布置应整洁庄重,将长方形签字桌(或会议桌)横放在签字厅内,桌面最好铺设深色台布。座椅的摆放,如果是签署双边合同,在正面对门的桌子一边摆两张座椅;如果是签署多边合同,则可在签字桌中间放一张座椅,供各方签字人签字时轮流就座。

(二)待签文本的准备

洽谈或谈判结束后,双方应指定专人按谈判达成的协议做好待签文本的定稿、翻译、校对、印刷、装订、盖印等工作。文本一旦签字就具有法律效力,因此,对待文本的准备应当郑重严肃。

通常,有几个单位在协议或合同上签字,就要为签字仪式提供几份样本。如有必要,还应为各方提供一份副本。与外商签订有关的协议、合同时,按照国际惯例,待签文本应同时使用宾主双方的母语。

待签文本通常应装订成册,并以仿皮或其他高档质料作为封面,以示郑重。其规格一般为大八开($420mm \times 285mm$),所用的纸张质量务必高档,印刷务必精美。

(三)签字人员的确定

参加签字仪式的人员,一般是双方参加谈判的全体人员,且双方人数应大体相同。除了签字的人以外,为了表示对本次商务洽谈的重视或对谈判结果的庆贺,往往由更高级或更多的领导人和有关人员参加签字仪式。此时,双方参加的人数和出席者的身份应通过协调,大致相仿对等。

二、签字仪式的座次安排

签字时各方代表的座次通常是由主办方代为安排的。一般来说,座次排列有三种基本形式,分别适用于不同情况。

(一)并列式

并列式排座是举行双边签字仪式时最常见的形式。它的基本做法是签字桌在室内面门横放,双方出席仪式的全体人员在签字桌之后按"前高后低"的惯例站立于签字人之后,客方从左至右,主方从右至左排成一排或多排,双方签字人员居中面门而坐,客方居右,主方居左,双方助签人分别站立在签字人的外侧随时准备,如图6-2所示。

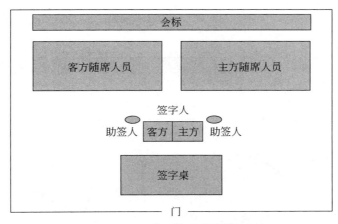

图6-2 并列式座次安排

礼仪小知识

我国的礼宾习惯是将主客双方助签人安排在签字代表后侧方,其余工作人员分别安排在签字桌后方,一字排列,主客双方人员各占一半。涉外时主左客右,身份高者居中,由高至低,由中间向外排。

(二)相对式

相对式签字仪式的排座,与并列式签字仪式的排座基本相同。二者之间的主要差别在于相对式排座将双边参加签字仪式的随员席移至签字人的对面,如图6-3所示。

(三)多边式

多边式的特点是签字桌须在室内对正门横放,只设一个签字座位。举行仪式时,所有各方人员,包括签字人在内,皆应背对正门、面向签字席就座。签字时,各方签字人应以规定的顺序依次走上签字席就座签字,各方助签人随之一同行动,并站立在签字人的左侧,如图6-4所示。

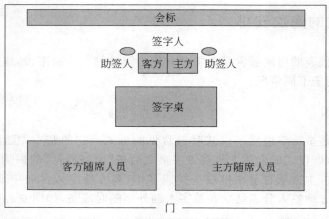

图 6-3 相对式座次安排

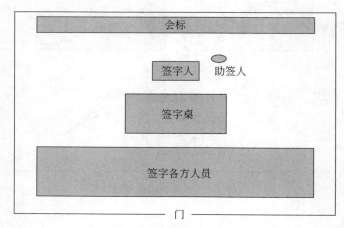

图 6-4 多边式座次安排

三、签字仪式的程序

签字仪式有一整套相对固定的程序,大体如下。

(一)仪式开始

各方有关人员进入签字厅,在既定的位置上坐好,保持安静有序。双方助签人分别站在己方签字者的外侧,协助翻揭文本,指明签字处,并为已签署的文件吸墨,防止合同浸染。

(二)正式签字

签字时,应按国际惯例,遵守轮换制,即主签人首先在己方保存的合同文本的首位上签字,然后签署他方保存的合同文本,使各方都居于首位一次,以示相互尊重,各方平等。

(三) 交换文本

双方主签人起身交换各自的文本,热烈握手致意,并交换各自一方使用过的签字笔,以资纪念。全场人员热烈鼓掌,表示祝贺。

(四) 举杯庆贺

文本交换之后,服务人员用托盘端上香槟,双方签字人员举杯同庆,以增添合作愉快的气氛。

(五) 有序退场

签字仪式结束后,双方可共同接受媒体采访。退场时,应先请双方最高领导者退场,然后请客方退场,最后是主方退场。

【即学即练】

★ 基本知识

一、判断题

1. 筹备开业仪式,应遵循热烈、节俭与缜密三个原则。（   ）
2. 剪彩仪式中特别需要注意准备的是缎带。（   ）
3. 一般来说,剪彩仪式宜紧凑,忌拖沓,所耗时间越短越好。短则一刻钟即可,长则不超过一小时。（   ）
4. 签字时,双方人员的身份应该对等。（   ）

二、选择题

1. (单选)公司、企业、宾馆、商店、银行正式启用之前,或是各类商品的展示会、博览会、订货会正式开始之前,所应正式举行的仪式称为(   )。
   A. 开幕仪式　　　B. 开工仪式　　　C. 奠基仪式　　　D. 破土仪式
2. (单选)通常是一些重要的建筑物,比如大厦、场馆、亭台、楼阁、园林、纪念碑等,在动工修建之初,正式举行的庆贺性活动是(   )。
   A. 开工仪式　　　B. 奠基仪式　　　C. 破土仪式　　　D. 开幕仪式
3. (单选)按照目前国际上通行的做法,下水仪式基本上都是在(   )举行的。
   A. 造船厂　　　　B. 会客厅　　　　C. 码头　　　　　D. 广场
4. (多选)举行开业仪式时赠予来宾的礼品,应具有(   )特征。
   A. 宣传性　　　　B. 荣誉性　　　　C. 独特性
5. (单选)剪彩仪式上所需使用的特殊用具,经过包装之后可以送给对方作为纪念品的是(   )。
   A. 红色缎带　　　　　　　　　　　B. 新剪刀

C. 白色薄纱手套　　　　　　　　D. 托盘

6.（单选）（　　）是商务活动中,合作双方或多方经过会谈、协商,形成了某项协议或协定,由各方代表在有关协议或合同上签字,并互换正式文本的仪式。

　　A. 剪彩仪式　　　B. 开幕仪式　　　C. 签字仪式　　　D. 庆典仪式

7.（单选）若剪彩者不止一人的时候,其上场的位次、尊卑必须予以重视。一般的规矩是主剪者应居于（　　）位置。

　　A. 最右方　　　　　　　　　　　B. 最左方
　　C. 中央　　　　　　　　　　　　D. 突出站在其他人前方

8.（多选）签字仪式上座次排列有（　　）基本形式。

　　A. 多边式　　　B. 围绕式　　　C. 相对式　　　D. 并列式

9.（单选）签字仪式上助签人的主要职责是（　　）。

　　A. 翻揭文本,指明签字之处　　　B. 端茶递水
　　C. 引导入场　　　　　　　　　　D. 现场指挥

三、简答题

1. 常见的开业仪式有哪些具体表现形式?
2. 剪彩仪式上有哪些必备用具?
3. 签字仪式有哪几种座次安排?

★ 案例分析

2021年8月8日,是北方某市新建的某会议型大酒店隆重开业的日子。

当天,酒店上空彩球高悬,四周彩旗飘扬,身着鲜艳旗袍的礼仪小姐站立在店门两侧,她们的身后是摆放整齐的鲜花和花篮。所有员工服饰统一、精神焕发,整个酒店沉浸在喜庆的气氛中。开业典礼在店前广场举行。

上午10时许,应邀前来参加仪式的有关领导、各界友人、新闻记者陆续到齐。可就在剪彩之际,天空下起了倾盆大雨,典礼被迫移至厅内举行。一时间,大厅内聚满了参加典礼的人员和避雨的行人。典礼仪式在音乐声和雨声中继续进行,整个大厅灯火辉煌,使得庆典别具特色。

典礼完毕,雨仍在下,厅内避雨的行人短时间根本无法离去,许多人焦急地盯着厅外。就在这时,酒店经理当众宣布:"今天聚集到我们酒店的人都是我们的嘉宾,这是天意,希望大家能同敝店共享今天的喜庆,我代表酒店真诚邀请各位到餐厅共进午餐,费用全免。"

刹那间,厅内响起雷鸣般的掌声。虽然酒店额外支出了一笔费用,但酒店的名字在新闻媒体及众多顾客的渲染下却迅速传播开来,开业后的生意格外红火。

问题:

1. 你认为酒店经理当场宣布的决定是出于何种考虑?
2. 开业典礼对酒店今后的经营将产生怎样的影响?

★ 技能实训

签 字 仪 式

一、情境设置

中国试飞公司与美国科普公司通过长期谈判,就合作事项达成了共识,经商定,今天将在试飞公司签字大厅签订协议,双方都有总经理参与,双方各8人。

二、训练组织

(1) 根据上述情境,安排两组同学参与。

(2) 每组选8位同学作为两公司签字仪式的代表,另派1位同学扮演主持人。

(3) 另派2位扮演助签人员。

(4) 另派2位扮演工作人员,按每组情境要求布置签字厅,并协助开展签字仪式活动。

(5) 按上述情境进行训练,演练签字仪式的整个过程。

(6) 签字仪式情境训练(配音乐)。

(7) 在主持人的主持下,完成以下步骤。

① 开场白。

② 请双方签字代表上场(应佩带胸花)。

③ 介绍双方签字代表。

④ 致辞。

⑤ 请双方签字人员入座签字(有音乐)。

⑥ 签字完成,交换文本;互赠纪念品;举杯祝贺。

⑦ 答记者问(有必要的话);合影留念。

⑧ 宣布签字仪式结束。

三、点评及效果评价

按前面所讲的签字仪式礼仪要点对训练进行评议。

第七章 商务宴请礼仪

【学习目标】

知识目标

- 了解宴会的种类,熟悉中西餐的基本礼仪。
- 熟悉中餐的点菜礼规与上菜顺序。
- 掌握西餐中的菜序以及酒与菜肴的搭配。
- 掌握中西餐宴请的席位排序以及各种餐具的使用礼仪。

技能目标

- 能够在实践中遵循中西餐各种餐具的使用礼仪。
- 能够在商务宴请中灵活掌握中西餐宴请的席位排序。
- 能够正确地组织或参加商务宴请活动。

【本章知识结构图】

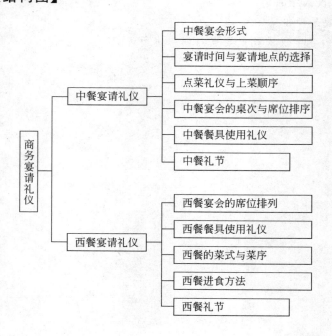

【案例情景】

李云在一家著名跨国公司的北京总部做总经理秘书,晚上公司要正式宴请国内最大的客户张总裁等一行人,以答谢他们一年来给予的支持,为此,李云落实了酒店的宴会厅和菜单,为晚上的正式宴请作准备。

李云通过打电话联系到了对方公关部李经理,详细说明了晚宴的地点和时间,又认真地询问了张总裁的饮食习惯。李经理告诉他,张总裁是山西人,不太喜欢海鲜,非常爱吃面食。李云听后,又给酒店打电话,重新调整了晚宴的菜单。

李云提前半个小时到达酒店,看看晚宴安排的情况并在现场做一些准备工作。到酒店后,正式宴请前,李云找到领班经理,再次讲了重点事项,又和他共同检查了宴会的准备。宴会厅分内外两间,外边是会客室,是主人接待客人小坐的地方,已经准备好了鲜花和茶点,里边是宴会的房间,中餐式宴会的圆桌上已经摆放好各种餐具。

李云知道对着门口桌子上方的位子是主人位,但为了慎重从事,还是征求了领班经理的意见。从带来的桌卡中先挑出写着自己老板名字的桌卡放在主人位上。再将对方老总的桌卡放在主人位子的右边。想到客户公司的第二把手也很重要,就将他放在主人位子的左边。李云又将自己的顶头上司市场总监的桌卡放在桌子的下首正位上,再将客户公司的两位业务主管,分放在他的左右两边。为了便于沟通,李云将自己的位子与公关部李经理放在了同一方向的位置。

晚宴按李云精心安排的计划顺利进行着,宾主双方笑逐颜开,客户不断夸奖菜的味道不错。这时领班经理带领服务员像表演节目一样端上了山西刀削面。客人看到后立即哈哈大笑起来,高兴地说道:"你们的工作做得真细致。"李云的领导也很高兴地说:"这是李云的功劳。"看到宾主满意,李云心里暗自总结着经验,下午根据客人的口味调整菜单,去掉了鲍鱼等名贵菜,不仅省了钱,还获得了客人的好感。

【理论专栏】

现代社会商务交往日益频繁。宴请已成为商务交往活动中的重要事项。商务宴请中,无论是中餐还是西餐,都要讲究礼仪,避免尴尬;懂得规矩,不丢面子;吃有吃相,不露丑相;内外有别,不损形象。中西宴请礼仪的重要性已为越来越多的商务人士所认识,本章就中餐、西餐宴请礼仪分别作详细阐述。

第一节 中餐宴请礼仪

中餐是中式餐饮的简称,是指一切具有中国特色的、依照传统方法制作的、为中国人日常生活中所享用的餐食和饮品。中餐宴请礼仪主要是指以中餐待客或品尝中餐时,应自觉遵守的礼仪习惯和传统习俗。

一、中餐宴会形式

宴会是比较正式、隆重的设宴招待,宾主在一起饮酒、吃饭的聚会。宴会是正餐,出席者按主人安排的席位入座就餐,由服务员按专门设计的菜单依次上菜。宴会按其规格又有国宴、正式宴会、便宴、家宴之分。

(一)国宴

国宴特指国家元首或政府首脑为国家庆典或外国元首、政府首脑来访而举行的正式宴会,是规格最高的宴会。按规定,举行国宴的宴会厅内应悬挂两国国旗,安排乐队演奏两国国歌及席间乐,席间主、宾双方有致辞、祝酒等。

(二)正式宴会

正式宴会除不挂国旗、不奏国歌及出席规格有差异外,其余的安排大体与国宴相同。有时也要安排乐队奏席间乐,宾主均按身份排位就座。正式宴会十分讲究排场,对餐具、酒水、菜肴道数及上菜程序均有严格规定。

(三)便宴

便宴是一种非正式宴会,通常是为了招待小批客人、个别采访者、合作者等举行的宴会。便宴的规模较小,规格要求不高,不拘于严格的礼仪,菜肴也可丰可俭,宾主相待可较随意,气氛比较轻松、和谐。

(四)家宴

家宴即在家中设便宴招待客人,是宴会的一种特殊类型。一般情况下,家宴是由主人以某种名义,在自己的私人居所内举行,用以招待亲朋好友的一种非正式宴会。商务人士以家宴宴请他人,彼此可以加强交流、加深了解、增强感情、增加信任,是商务活动中一种常见的宴请方式。

二、宴请时间与宴请地点的选择

无论是哪种宴请,在具体时间和具体地点的选择上都必须讲究技巧。

(一)时间的选择

依照商务礼仪惯例,安排中餐宴会的具体时间,需要考虑以下两个因素。

1. 民俗惯例

在绝大多数情况下,确定正式宴请的具体时间,要遵从民俗惯例。例如,正式宴会通常安排在晚上,而在广东、海南等地区,亲朋好友聚餐,多选择"饮早茶"。

在筹备商务宴会时,对重要的活动日、纪念日、节假日、某一方不方便的日子或忌日,应尽量避开。

2. 主随客便

具体时间的选择要优先考虑被邀请者的行程,尤其是主宾。如果有可能,应先与主宾协商一下,力求方便对方。

(二)地点的选择

宴请地点恰当与否,体现着主人对宴请的重视程度。宴请地点可依据宴请的目的、类型、规模、形式和经费确定。通常应选择环境幽雅、卫生方便、服务优良、管理规范的饭店、宾馆。另外,宾主熟悉的程度、关系亲疏或感情深浅也是选择宴会地点的依据。

三、点菜礼仪与上菜顺序

(一)点菜礼仪

中餐宴请主要是吃中国菜,点菜十分关键。对商务人士而言,点菜要符合礼规,让宾主用餐尽兴,具体注意事项如下。

(1)点菜时,要考虑用餐的标准,量力而行。如果为了讲排场、装门面,在点菜时大点特点,甚至乱点,会造成不必要的浪费,也会给本组织带来一定的经济负担。

(2)点菜时,不要只凭个人喜好,应尽量征求嘉宾的意见,考虑主宾的喜好与禁忌。例如,有人不吃辣,有人不喜偏甜的菜肴等。不应点那些冷门的菜肴,如狗肉、蛇肉、田鸡肉等。

(3)菜品应有冷有热、有荤有素、有主有次。宜选些具有中餐特色的菜肴,如北京烤鸭、新疆大盘鸡等;宴请来自其他地区的客人时,也可选些当地特色菜肴,如陕西的羊肉泡馍、湖南的湘西腊肉、四川的麻婆豆腐等;还可选些餐馆的招牌菜。如果是举办家宴,主人要多做几个自己的拿手菜。

📖 礼仪小故事

许先生带着客户到北京某星级饭店的餐厅吃烤鸭。这里的北京烤鸭很有名气,客人坐满了餐厅。入座后,许先生马上点菜,为8个人点了3只烤鸭、十几个菜,其中有一道清蒸鱼,由于忙碌,服务小姐忘记问客人要多大的鱼,就通知厨师去加工。

不一会儿,一道道菜就陆续上桌了。客人们喝着酒水,品尝着鲜美的菜肴和烤鸭,颇为惬意。吃到最后,桌上仍有不少菜,但大家且却已酒足饭饱。突然,同桌的小康想起还有一道"清蒸鱼"没有上桌,就忙催服务员快上。

鱼端上来了,大家都吃了一惊。好大的一条鱼啊!足有3斤重,这怎么吃得下呢?

"小姐,谁让你做这么大一条鱼啊?我们根本吃不下。"许先生边用手推了推眼镜,边说道。

"可您也没说要多大的呀?"服务小姐反问道。

"你们在点菜时应该问清客人要多大的鱼,加工前还应让我们看一看。这条鱼太大,我们不要了,请退掉。"许先生毫不退让。

"先生,实在对不起。如果这鱼您不要的话,餐厅要扣我的钱,请您务必包涵。"服务小姐的口气软了下来。

"这个菜的钱我们不能付,不行就去找你们经理来。"小康插话道。最后,服务小姐只好无奈地将鱼撤掉,并汇报领班,将鱼款划掉。

(二)上菜顺序

标准的中餐,不论是何种风味,其上菜的顺序大体相同。通常是先上冷盘,接着是热炒,随后是主菜,然后上点心和汤,最后上水果拼盘。当冷盘吃剩 1/3 时开始上第一道热菜,一般每桌要安排 10 个热菜。

宴会上桌数再多,各桌也要同时上菜。上菜时,如果由服务员给每个人上菜,应要求按照先主宾后主人、先女士后男士或按顺时针方向依次进行。每上一道新菜要介绍菜名和风味特色。

礼仪小知识

根据传统礼俗和民间饮宴习俗,筵席上的整鸡、整鸭、整鱼摆放时须遵循"鸡不献头、鸭不献尾、鱼不献脊"风俗,即上菜时不要把鸡头、鸭尾、鱼脊朝向主宾。尤其是上整鱼时,应将鱼腹而不是鱼脊朝向主宾。因鱼腹刺少,腴嫩味美,朝向主宾,表示尊敬。

四、中餐宴会的桌次与席位排序

宴会一般都要事先安排好桌次和座次,便于参加宴会的人各就其位。在中餐宴请礼仪中,桌次和座次相当重要,它象征着来宾的身份地位和主人给予对方的礼遇,受到宾主双方的高度重视。

(一)桌次排序规则

中餐的商务宴请往往使用圆桌布置菜肴、酒水。如采用多张圆桌时,便出现了桌次的尊卑问题。

(1)由两桌组成的小型宴请,可分为两种排列形式:一是两桌横排,以面对宴会厅的正门为准,桌次以右为尊,左为卑,这种做法也叫"面门定位",如图 7-1 所示。二是两桌竖排,其桌次讲究以远为上,以近为下。这里的远近,是相对于距离正门的远近而言。此法也称为"以远为上",如图 7-2 所示。

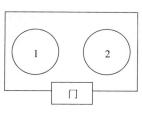
图 7-1 横排桌次

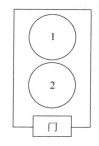
图 7-2 竖排桌次

(2) 由三桌或三桌以上组成的宴请,在安排桌次时,距离主桌越近,桌次越高;距离主桌越远,桌次越低,这项规则也称"主桌定位"。如图 7-3 和图 7-4 所示。

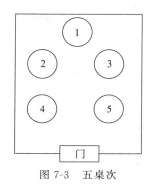
图 7-3 五桌次

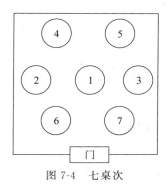
图 7-4 七桌次

(二) 席位排序规则

目前我国通常采用圆桌设宴。一般情况下,主桌要略大于其他餐桌,圆桌的席位在不同的场合也有所不同。

(1) 每桌一个主位的排列方法。每张餐桌上只有 1 个主人,主宾在其右侧就座,形成一个谈话中心,如图 7-5 所示。

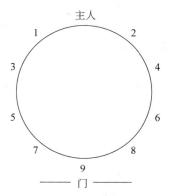
图 7-5 每桌一个主位的排列方法

(2) 每桌两个主位的排列方法。每张餐桌上有主、副两个主人,应主副相对,客观上形成两个谈话中心,如图 7-6 所示。

(3) 主人夫妇就座于同一桌。以男主人为第一主人,女主人为第二主人,主宾和主宾夫人分别坐在男女主人右侧,桌上形成了两个谈话中心,如图 7-7 所示。

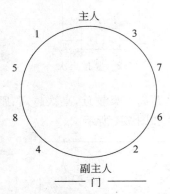
图 7-6　每桌两个主位的排列方法

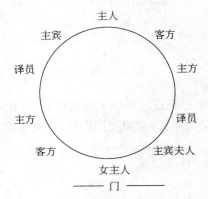
图 7-7　主人夫妇就座于同一桌的排列方法

五、中餐餐具使用礼仪

中餐餐具,即用中餐时使用的工具,中餐餐具可分为主餐具与辅餐具两类。主餐具是指进餐时主要使用的必不可少的餐具。通常包括筷、匙、碗、盘等。

(一) 主餐具的使用礼节

1. 筷的使用

使用筷子取菜时,需要注意下列问题。

(1) 不论筷子上是否残留着食物,都不要去舔它。

(2) 当暂时不用筷子时,可将它放在筷子架上或放在自己所用的碗、碟边缘上。不能插放在食物、菜肴之上。

(3) 不要把筷子当叉子叉取食物。

(4) 与人交谈时,应暂时放下筷子。

(5) 切不可以其敲击碗、盘,指点对方,或是拿着它停在半空中。

(6) 不要以筷子代劳他事,如剔牙、挠痒、梳头,或是夹取菜肴、食物之外的东西。

2. 匙的使用

使用匙时要注意下列事项。

(1) 使用汤勺时要用右手,但右手执筷同时又执汤勺是最忌讳的。

(2) 用勺子取用食物后,应立即食用,不要把它再次倒回原处。

(3) 若取用的食物过烫,不可用匙来回搅拌,也不要用嘴对它吹来吹去,可以先放到自己的碗里,等凉了再吃。

(4) 食用匙里盛放的食物时,尽量不要把勺子塞入口中,或反复吮吸它。
(5) 在一般情况下,尽量不要单用匙去取菜。
(6) 用匙取食物时,不宜过满,免得溢出来弄脏餐桌或自己的衣服。必要时,可在舀取食物后,在原处"暂停"片刻,待汤汁不再滴流后,再移向自己享用。

3. 碗的使用

碗在中餐里主要用于盛放主食、羹汤。在正式场合用餐时,用碗的注意事项主要有以下五点。

(1) 不要将碗端起来进食,尤其是不要双手端起碗来进食。
(2) 食用碗内盛放的食物时,应以筷、匙加以辅助,切勿直接下手取用,或不用任何餐具以嘴吸食。
(3) 碗内若有食物剩余,不可将其直接倒入口中,也不能用舌头伸进去乱舔。
(4) 暂且不用的碗内不宜乱扔东西。
(5) 不能把碗倒扣过来放在餐桌之上。

4. 盘的使用

盘在中餐中主要用以盛放食物,其使用方面的讲究,与碗大致相同。盘子在餐桌上一般应保持原位,不被挪动,而且不宜多个叠放在一起。使用盘时要注意下列两点事项。

(1) 取放的菜肴不要过多,不要将多种菜肴堆放在一起,看起来既繁乱不堪,又有欲壑难填之嫌。
(2) 不宜将入口的残渣、骨、刺吐在地上、桌上,而应将其轻轻取放在食碟前端,必要时再由侍者取走、换新。要注意的是,不要让食物残渣与菜肴交错,相互混淆。

（二）辅餐具的使用礼节

辅餐具是指进餐时可有可无、时有时无的餐具,在用餐时发挥辅助作用。最常见的中餐辅餐具有水杯、湿巾、水盂、牙签等,使用时要注意以下内容。

(1) 水杯。中餐中所用的水杯,主要供盛放清水、汽水、果汁等软饮料。使用水杯时不要以之盛酒,不要倒扣水杯,喝入口中的东西不能再吐回水杯中去。
(2) 湿巾。如果是比较讲究的中餐,会为每位用餐者上一块湿毛巾。湿巾只能用来擦手,绝对不可用以擦脸、擦嘴、擦汗。擦手之后,应将其放回盘中,由侍者取回。
(3) 水盂。有时品尝中餐者需要手持食物进食。此刻,往往会在餐桌上摆上一个水盂,水上漂有玫瑰花瓣或柠檬片。这里面的水不能喝,只能用来洗手。洗手时,动作不要太大,不要乱抖乱甩,应用两手蘸湿指头,轻轻涮洗,然后用纸巾或专用小毛巾擦干。
(4) 牙签。主要用于剔牙。用餐时,尽量不要当众剔牙。非剔不行时,应以另一只手掩住口部,切勿大张嘴巴。剔出来的东西,切勿当众观赏或再次入口,也不要随手乱弹、随口乱吐。剔牙之后,不要长时间叼着牙签。取用食物时,不要以牙签扎取。

礼仪小故事

1962年,在英国伦敦一个贵族举办的豪华宴会上,一名中年男子出尽了风头。他优雅的举止、迷人的言谈,不但令在场的所有女士都对他倾心,而且所有的男士也都对他抱有极大的兴趣。人们私下里纷纷相互打听,都想认识他并和他成为朋友。而那位男子在这次宴会上也收获颇丰,不仅签下了40多单生意,还找到了他的终身伴侣。这名男子就是著名的房地产新秀柯马·伊鲁斯。

六、中餐礼节

根据中餐的特点和食用习惯,参加中餐宴会时,要注意以下几点。

(1) 上菜后,不要先拿筷,应等主人邀请,主宾动筷后再拿筷。取菜时要相互礼让,依次进行,不要争抢。取菜要适量,不要把对自己口味的好菜都倒入自己盘中。

(2) 先请客人入座上席,再请长者入座客人旁,之后其他人依次入座。入座时,要从椅子的左边进入,入座后不要动筷子,不要发出响声,也不要起身走动,如果有什么事必须起身要向主人打招呼。

(3) 用餐时不要出声音,也不要让匙和筷碰到碗而发出声音。咳嗽或打喷嚏时,应把脸移开后用手或手绢捂着嘴,以免失礼。

(4) 如果要给客人布菜,最好用公筷,也可以把离客人远的菜肴送到他们的面前。按中国人的习惯,菜是一个一个端来的。如果同桌有客人的话,每当上来一个新菜时,就应请他们先动筷子,或者轮流请他们先动筷子,以表示对他们的重视。

(5) 吃到鱼头、鱼刺、骨头等时,不要直接往外面吐,要避开旁人悄悄地包在纸中,放到自己的碟子里。

(6) 如果由个人取菜,每道热菜应放在主宾前,由主宾开始按顺时针方向依次取食。切不可迫不及待地越位取菜。

礼仪小故事

有一位老板想挑选一名财务人员,他看中了一个小伙子。可是,在一次宴会上,老板发现,那个小伙子看到桌上有一包名牌香烟,便很主动地拿着烟发给大家,不过由于很多人不抽烟,他就一根接一根地抽。吃完饭后,香烟还剩下不少,他就把剩下的烟放进自己的口袋里带走了。这件事让这位老板否定了这名财务候选人。

第二节 西餐宴请礼仪

一、西餐宴会的席位排列

西餐正式宴会一般均安排席位,也可只排部分客人的席位,其他人只排桌次或自由入座。国际上的习惯是以主人为基准,右高左低。桌数较多时,要摆桌次牌。西餐宴会常使用长条桌,并根据人数与餐厅形状拼成不同形状。同一桌上,席位高低以离主人的座位远近而定。外国习惯是男女交叉安排,以女主人为准,主宾在女主人右侧,主宾夫人在男主人右侧,如图7-8和图7-9所示为两种不同席位排序。

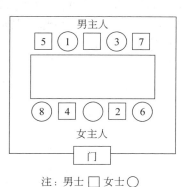

图 7-8 西餐宴请横桌席位排序

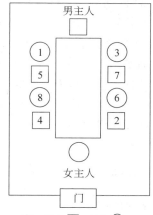

图 7-9 西餐宴请竖桌席位排序

二、西餐餐具使用礼仪

刀叉是西餐中最重要的餐具。除了刀叉,主要餐具还有餐匙和餐巾等。吃西餐时,餐具的摆放与使用都有一定的规范。

(一)餐具摆台

餐具具体的摆台方式是根据菜单设计的。食用某一类型的菜点,就应放置相应的餐具。西餐餐具的摆放讲究"液体在右边,固体在左边"。

西餐餐具包括刀、叉、匙、盘、杯、餐巾等。西餐宴会需要根据宴会菜单摆台,摆放时按照上菜顺序由外到内放置,如图 7-10 所示。

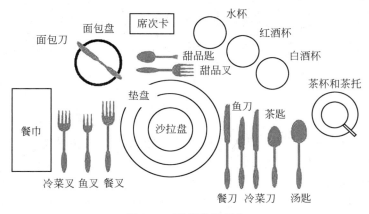

图 7-10 西餐餐具摆台

(1)先将垫盘(食盘)摆好作为定位,垫盘左侧按顺序摆放餐叉、鱼叉、冷菜叉,右侧按顺序摆放餐刀、鱼刀、冷菜刀,茶匙和汤匙摆在最外侧。

(2) 垫盘(食盘)正上方摆放甜品叉和甜品匙。

(3) 面包盘可以摆在垫盘(食盘)左上方或者左侧,盘内斜放面包刀。

(4) 垫盘(食盘)右上方,也就是的餐刀的正上方,依次摆放水杯、红酒杯、白酒杯、茶杯和茶托。酒杯沿一条斜线排列在盘子的右上方,不但美观,而且使用起来方便。

(5) 餐巾折花可放在垫盘内或插在水杯中,也可放在餐盘左边。

(6) 摆台的中央可以摆放鲜花或蜡烛。

(7) 摆台上公共用具一般四人一组,烟灰缸也一样,但若抽烟的人多,一般邻近两人共用一个烟灰缸。

(二) 餐具的用法

1. 刀叉的使用

正式的西餐宴会,每上一道菜就要换一副刀叉,不可从头至尾只用一副刀叉。使用刀叉进餐时,从外侧往内侧使用,要左手持叉,右手持刀;切东西时左手拿叉按住食物,右手执刀将其切成小块,然后用叉子送入口中。使用刀时,刀刃不可向外。刀叉的使用方式如图 7-11 所示。

图 7-11　刀叉的使用方式

刀叉的摆放可以向侍者暗示用餐者想表达的意思。例如,若刀右、叉左,刀口向内、叉齿向下,呈汉字的"八"字形状摆放在餐盘之上,含义是此菜尚未用毕;若刀口内向、叉齿向上,刀右叉左地并排纵放,其含义是侍者可以将刀叉和餐盘一起收掉,等等,如图 7-12 所示。

先歇会　　　　坐等第二份　　好评　　　吃完可以收拾　　差评
还没吃完别收走!

图 7-12　刀叉的摆放含义

欧洲人使用刀叉时不换手,即从切割到送食物入口均以左手持叉。美国人则切割后,将刀放下换右手持叉送食入口。

2. 餐匙的使用

在西餐的正餐里,一般会出现两把餐匙。它们形状不同,用途不一,摆放的位置也有规定。

(1) 汤匙。个头较大,通常被摆放在用餐者右侧的最外端,与餐刀并列纵放。喝汤时,要用汤匙从里向外舀。吃完后,将汤匙留在汤盘里,匙把指向自己。

（2）甜品匙。个头较小，在一般情况下被横向摆放在吃甜品所用刀叉的正上方，并与其并列。

3. 西餐餐巾的使用

餐前准备时，餐巾会被折叠成很多花式，用来装点餐桌。用餐时，把餐巾叠成三角形铺在腿上，盖住膝盖以上的双腿部分。餐巾也叫口布，可用来擦嘴，但不要用它来擦脸或擦餐具。在用餐过程中，饮用酒水之前，需要先用餐巾擦拭嘴边的油迹。除了必要时用来擦嘴之外，在餐桌上用餐的整个过程中餐巾必须一直保持平铺在双腿上。

餐巾除了具有使用功能，还有寓意。在正式宴请中，入座后，不要急于打开餐巾。当女主人打开餐巾，把它铺在腿上时，宣布宴会正式开始。当女主人把餐巾放在桌子上是宴会结束的标志，其他人应停止用餐。如果自己用餐完毕，也应把自己的餐巾放置于桌上盘子的左边。用餐期间需要中途离席时，应该把餐巾放在椅子上，表示用餐未完毕，稍后还会再回来继续用餐。

三、西餐的菜式与菜序

（一）西餐菜式

西餐有法式菜、英式菜、美式菜、意式菜、俄式菜、奥匈式菜、德式菜等代表菜式。

1. 法式菜

法式大餐至今仍名列世界西餐之首。法式菜肴选料广泛，如蜗牛、鹅肝都是法式菜肴中的美味；加工精细，烹调考究，有时一道菜要数道工序才能完成，口味讲究浓、鲜、嫩，吃牛肉扒一般只要求三四成熟；菜色品种多，名菜有马赛鱼羹、鹅肝排、巴黎龙虾、红酒山鸡、沙福罗鸡、鸡肝牛排等。

2. 英式菜

英式菜肴最突出的特点是油少、清淡，调味时较少用酒，调味品多放在餐台上由客人自己选用。烹调讲究鲜嫩，选料注重海鲜及各式蔬菜，菜量要求少而精。英式菜肴的烹调方法多以蒸、煮、烧、熏、炸见长。

3. 美式菜

美式菜肴继承了英式菜简单、清淡的特点，口味咸中带甜。美国人一般对辣味不感兴趣，喜欢铁扒类的菜肴，常用水果作为配料与菜肴一起烹制，如菠萝焗火腿、苹果烤鸭。美国人对肉质的要求很高，如烧牛柳配龙虾便选取来自美国安格斯的牛肉。在重大节日时，火鸡菜肴是美式菜的一大特色，但烤火鸡一般不食用，感恩节前夕会将各种配菜塞入火鸡内烘烤。

4. 意式菜

意式菜肴是西菜始祖，对整个欧洲烹饪有很大影响。意式菜肴主要讲究原汁原味，以味浓著称。烹调注重炸、熏等，以炒、煎、炸、烩等方法见长。意大利人喜爱面食，做法甚多，如通心粉、面条、比萨饼等。

5. 俄式菜

俄式菜肴口味较重，喜欢用油，制作方法较为简单。口味以酸、甜、辣、咸为主，酸黄瓜、酸白菜往往是饭店或家庭餐桌上的必备食品。烹调方法以烤、熏、腌为特色。俄式菜肴有什锦冷盘、罗宋汤、鱼子酱、酸黄瓜汤、黄油鸡卷等。

6. 奥匈式菜

奥地利与匈牙利两国的菜式很相近,口味都较浓重,尤其是当地产的一种甜红辣椒,色艳、味香、辣味不重,是制作身匈式菜肴的常用原料。典型的菜肴有古喇士烩牛肉、红辣椒烤鱼等。

7. 德式菜

德式菜肴在口味上较重,材料上则较偏好猪肉、牛肉、肝脏类、香料、鱼类、家禽及蔬菜等,调味品方面常使用大量芥末、白酒、牛油等,在烹调上较常使用煮、炖或烩的方式。传统菜品有蔬菜沙拉、鲜蘑汤、焗鱼排、德式烤杂肉、德式肉肠等。

8. 其他菜系

希腊菜肴以清淡典雅、原汁原味为特点;西班牙、葡萄牙菜肴以米饭著称,常是与焖烩的肉、海鲜为佐;北欧和东欧菜系与俄式相近,大多喜欢腌制的各种鱼肉、熏肉、香肠、火腿以及酸菜、酸黄瓜等。

(二)西餐菜序

1. 头盘

西餐的第一道菜是头盘,也称开胃菜。有冷头盘和热头盘之分,常见的有鱼子酱、鹅肝酱、熏鲑鱼、奶油鸡酥盒等。味道以咸和酸为主,数量少,质量高。

2. 汤

西餐的第二道菜是汤,大致可分为清汤、奶油汤、蔬菜汤和冷汤四类,如牛尾清汤、奶油蘑菇汤、意式蔬菜汤、俄式冷汤等。

3. 副菜

鱼类菜肴一般作为西餐的第三道菜,也称副菜。品种包括各种淡、海水鱼类、贝类及软体动物类。通常水产类菜肴与蛋类、面包类、酥盒菜肴品均称为副菜。

4. 主菜

肉、禽类菜肴是西餐的第四道菜,也称主菜。肉类菜肴的原料取自牛、羊、猪、小牛仔等各个部位的肉,其中最有代表性的是牛肉或牛排,其烹调方法常用烤、煎、铁扒等。

5. 蔬菜类菜肴

蔬菜类菜肴在西餐中称为沙拉,可以安排在肉类菜肴之后,也可以与肉类菜肴同时上桌,所以可以算为一道菜,或称为一种配菜。沙拉一般用生菜、西红柿、黄瓜、芦笋等制作。主要调味汁有醋油汁、法国汁、奶酪等。还有一些蔬菜是熟食的,如花椰菜、煮菠菜、炸土豆条等。

6. 甜品

西餐的甜品是主菜后食用的,广义上包括所有主菜后的食物,如布丁、煎饼、冰淇淋、奶酪、水果等。

7. 咖啡、茶

西餐的最后一道是饮料、咖啡或茶。饮咖啡一般加糖和淡奶油、茶一般加香桃片(核桃仁和糯米等做成的糕）和糖。

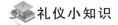**礼仪小知识**

认识西餐菜谱——menu

starters（开胃菜/开胃酒）：cold appetizer/hot appetizer/salad/soup/aperitif

main courses（主菜）：sandwiches and burgers/pizzas and pasta/grill（steak）and sauces（扒类和配汁）/seafood/all kinds of meat

desserts（甜点）：ice cream/milk shake/pudding/pie/pancake/cake/cheese and biscuits

drink（酒类/饮料类）：aperitif/liqueur（开胃酒/餐后甜酒）/spirit（烈酒）：vodka/whisky/cognac（干邑白兰地）/cocktail/beer/champagne and wine/coffee/tea/fruit juice

四、西餐进食方法

享用西餐，吃法得当，才能在吃好的同时吃出品位。下面介绍几种食物的吃法。

1. 肉类

吃猪肉、牛肉、羊肉等肉菜时，要用叉子按住食物，用餐刀切下一小块，吃完后再切第二块。吃整鸡时，也应用刀叉取食，直接用手撕扯是失礼的。

2. 汤

西餐中喝汤时，不能吸着喝，应先用汤匙由后往前将汤舀起，然后将汤匙的底部放在下唇的位置将汤送入口中。身体的上半部分略微前倾，注意不要将餐匙盛得太满，身子也不要俯得太近。碗中的汤不多时，可以用左手将汤盘的外侧稍稍翘起，用右手持汤匙舀净。

3. 面包

先用两手撕成小块，再用左手取食。吃硬面包时，用手撕不但费力而且会掉面包屑，此时可用刀先切成两半，再用手撕成块食用。为避免像用锯子似的切割面包，应先把刀刺入另一半。切时可用手将面包固定，避免发出声响。

4. 鱼、虾、海鲜

（1）食用半只龙虾时，应左手持叉，将虾尾叉起，右手持刀，插进尾端，压住虾壳，用叉将虾肉拖出再切食。龙虾脚可用手指撕去虾壳食用。

（2）吃鱼片以吃一片切一片为原则，可用右手持叉进食，或用鱼刀。食用带头尾及骨头的全鱼时，宜先将头、尾切除，再去鳍，将切下的头尾鳍放在盘子一边，再吃鱼肉。去除鱼骨，要用刀叉，不能用手。若口中有鱼骨或其他骨刺，则可用手自合拢的唇间取出放在盘子上。全鱼吃完鱼的上层，切勿翻身，应用刀叉剥除龙骨再吃下层鱼肉。

（3）附带的柠檬片，宜用刀叉挤汁。

5. 水果、甜点

（1）蛋糕及派、饼，用叉取食，较硬者用刀切割后，用叉取食。

（2）冰淇淋、布丁等，用匙取食。小块的硬饼干，用手取食。

（3）粒状水果如葡萄，可用手取食。如需吐籽，应吐于掌中再放在碟里。多汁的水果如西瓜、柚子等，应用叉取食。

（4）西餐在吃完水果时，常上洗手钵，所盛的水供洗手用，且只用来洗手指。勿将整个手伸进去。

📖 礼仪小故事

有一次，李鸿章出使德国，应德国"铁血宰相"俾斯麦之邀前往赴宴，由于不懂西餐礼仪，他把一碗吃水果后洗手用的水端起来喝了。当时俾斯麦不了解中国虚实，为不使李鸿章出丑，他也将洗手水一饮而尽，见此情形，其他德国官员只得忍笑奉陪。

6. 咖啡

喝咖啡时如要加牛奶或糖，添加后要用小勺搅拌均匀，然后将小勺放在咖啡杯的垫碟上。喝时应右手拿杯把，左手端垫碟，直接饮用，不要用小勺一勺一勺地舀着喝。咖啡太热时，可以用咖啡匙在杯中轻轻搅拌使之冷却，或者等待其自然冷却后再饮用。试图用嘴把咖啡吹凉是很不文雅的动作。

7. 酒水

在正式西餐宴会上，酒水是主角，十分讲究与菜肴的搭配。一般来讲，每吃一道菜，便要换一种酒水。宴会上的酒水可以分为餐前酒、佐餐酒和餐后酒三种，每种又有许多具体的种类。

（1）餐前酒，也叫开胃酒。在用餐前饮用或在吃开胃菜时饮用。开胃酒有鸡尾酒、味美思、威士忌和香槟酒。

（2）佐餐酒，是在正餐或宴会上饮用的酒。西餐的佐餐酒均为葡萄酒，选择佐餐酒的一条重要原则是"白酒配白肉，红酒配红肉"。白肉，即鱼肉、海鲜、鸡肉，须以白葡萄酒搭配。红肉，即牛肉、羊肉、猪肉，应以红葡萄酒搭配。

（3）餐后酒，是用于帮助消化的酒水。最常见的是利口酒，又叫香酒。最有名的餐后酒，则是有"洋酒之王"美名的白兰地酒。

📚 礼仪小知识

在国际商务宴请中，通常是以西餐为主。吃西餐讲究"4M"：Menu——精美的菜单，Mood——迷人的气氛，Music——动听的音乐，Manners——优雅的进餐礼节。

五、西餐礼节

西餐宴会中的礼节如下。

（1）穿着正式服饰参加西餐宴席。入座时应从椅子左方入座，离席时从右边离开。男宾应帮助右边的女宾挪动椅子，等女宾坐好后，自己再就座。

（2）就座后不要跷足，不要两脚交叉，不要摆弄餐桌上已摆好的餐具。不可以当众解开纽扣、衣带或脱下衣服。

（3）用餐时身体不要过于接近餐盘，腹部和桌子保持约一个拳头的距离。千万不要把盘、碗端起来。应闭嘴咀嚼食物,口中有食物时切忌饮用饮料。

(4) 吃西餐时,要注意每个人只能拿靠近自己的东西。如果需要远处的东西,应用礼貌地请坐在离那个东西近的人递给自己,而不是自己站起来伸手拿。不要用自己的餐具为他人夹菜、盛汤或选取其他的食物。

(5) 吃西餐讲究干净。西餐桌上的台布要保持清洁干净,如果有的地方弄脏了,应放一块餐巾盖住脏的地方。骨头和不吃的东西不能直接放在台布上,而应放在碗里或盘子的一角。女士不应用餐巾擦掉餐具上留下的口红痕迹,而应该选用纸巾。

📖 礼仪小故事

一次西餐宴会中,客方的一位女秘书,容貌靓丽,着装、谈吐得体,很引人注目。但是无论是喝水还是喝酒,她都在杯沿上留下了明显的口红印痕,令很多想与之攀谈的男士望而却步。

一处细节上的不得体往往导致所有的努力付之东流。一个人除了服饰之外,还要注意言谈举止,尤其是在餐饮上的礼仪规范。不管是喝水还是喝酒,口红印都不能留在容器上,最好的办法是挑选不脱色的口红。

(6) 在西餐桌上不可以剔牙。在西方人看来,当众剔牙是一种不文明的举止,不但会破坏别人的食欲,也会破坏自己的形象,在西餐桌上也一般不会准备牙签。如果有使用牙签的习惯,最好去洗手间使用。

(7) 进餐时,始终保持沉默是不礼貌的,应该同身旁的人有所交谈,但是不可大声喧哗、放声大笑。谈话时可以不放下刀叉,但不可拿着刀叉在空中晃动。

【即学即练】

★ 基本知识

一、判断题

1. 宴会时,通常距主桌越近,桌次越低。　　　　　　　　　　　　　(　)
2. 宴会上,若食物太热,可以用嘴吹凉。　　　　　　　　　　　　　(　)
3. 在进餐前,可以用餐巾擦碗、筷、杯等,以保证干净。　　　　　　　(　)
4. 参加宴请时,嘴里有鱼刺、肉骨头等可以直接吐在桌上。　　　　　(　)
5. 与客户吃饭时,用筷子叉馒头。　　　　　　　　　　　　　　　　(　)
6. 同事聚餐时,遇到自己喜欢吃的菜就一直吃,吃后当着众人剔牙。　(　)
7. 小刘与客户吃西餐时,看到端上来的水果中有葡萄,就直接用手抓取。(　)
8. 西餐桌上有一个小玻璃碗,里面装了撒着花瓣的水,这碗水不是用来喝的,而是用来洗手的。　　　　　　　　　　　　　　　　　　　　　　　　　(　)
9. 小吴到咖啡厅喝咖啡,由于刚上来的咖啡比较热,为了让咖啡变凉些,便用嘴去吹,同时还用勺子舀着喝。　　　　　　　　　　　　　　　　　　(　)

二、选择题

1. (单选)规格最高的宴会是(　　)。

A. 国宴　　　　　B. 正式宴会　　　C. 便宴　　　　　D. 家宴
2.（多选）在宴请客人的时候，可以优先考虑的菜肴有（　　）。
  A. 当地特色的菜肴　　　　　　　　B. 最贵的菜
  C. 餐馆的特色菜　　　　　　　　　D. 主人的拿手菜
3.（单选）中餐上菜时，应从（　　）开始，每上一道新菜要介绍菜名和风味特色。
  A. 男主人　　　　B. 女主人　　　　C. 主宾　　　　　D. 主宾夫人
4.（单选）喝汤时，发现汤太烫，应该（　　）。
  A. 放凉了再喝　　B. 用匙搅动　　　C. 用嘴吹凉　　　D. 边吹边喝
5.（多选）中餐用餐时，每位用餐者桌上都有一块湿巾，不可以用它来（　　）。
  A. 擦嘴　　　　　B. 擦脸　　　　　C. 擦汗　　　　　D. 擦手
6.（单选）吃西餐时，拿刀叉的方式是（　　）。
  A. 左叉右刀　　　　　　　　　　　B. 右叉左刀
  C. 根据个人的喜好　　　　　　　　D. 只用叉不用刀或只用刀不用叉

三、简答题

1. 中餐使用筷子时需要注意的问题是什么？
2. 西餐正餐的菜序是什么？

★ 案例分析

刘小姐和一位姓张的男士在一家西餐厅就餐，小张点了海鲜大餐，刘小姐则点了烤羊排，主菜上桌，两人的话匣子也打开了，小张边听刘小姐聊起童年往事，一边吃着海鲜，心情愉快极了，正在陶醉，他发现有根鱼骨头塞在牙缝中，让他不舒服。小张心想，用手去掏太不雅了，所以就用舌头去舔，舔也舔不出来，还发出啧啧的声音，好不容易将它舔吐出来，就随手放在餐巾上，之后他在吃虾时又在餐巾上吐了几口虾壳。刘小姐对这些不太计较，可这时男士想打喷嚏，拉起餐巾遮嘴，用力打了一声喷嚏，餐巾上的鱼刺、虾壳随着风势飞出去，其中一些正好飞落在刘小姐的烤羊排上，这下刘小姐有些不高兴了。接下来，刘小姐话少了许多，饭也没怎么吃。

问题：
1. 请指出本例中小张的失礼之处。
2. 如何文雅进餐？

★ 技能实训

西餐用餐实训

一、训练内容

西式宴请礼仪训练。在这个任务中首先应掌握宴请时的座次排序，其次就要系统地学习刀叉的使用，掌握餐具摆放方法，了解进食西餐时各餐具的用法，最后还要演练西餐的进餐礼仪。

二、情境设置

生物工程公司想在美国发展，邀请了几位美国客人前来洽谈，并准备共进晚餐。

三、训练组织

将全班分成四组,每组指定一名组长和一名副组长,根据上述情境,选择成员参与训练,其他同学观摩。准备好西餐的基本餐具,演示如何摆放;播放外国影片中西餐宴会的情景,使学生直观、生动地感受西餐宴会的格调和基本礼节;准备简单的西餐食物,如面包、沙拉、汤等,练习正确的吃法,演练刀叉的使用。

四、教学安排

(1) 教学场地:标准实训室一间。

(2) 教学设备:桌椅、台布、餐具等。

(3) 教学课时:1课时,每小组的展示时间不超过10分钟。

(4) 教学评价:由教师、组长及同学代表共同打分,教师作综合点评。

五、考评标准

考核项目	考核内容		分值	自评分	小组评分	实得分
西餐礼仪	西餐的座次安排		20			
	餐具的摆放	用餐前	5			
		中途休息	5			
		用餐完毕	5			
	西餐的食法	喝汤的动作	10			
		切食物的动作	10			
		叉食物的动作	10			
	餐巾的使用情况	用餐时	5			
		去洗手间时	5			
		用餐结束	5			
	席间的仪态表现		20			

第八章 商务休闲礼仪

【学习目标】

知识目标

- 掌握酒会、茶会、沙龙等活动的礼仪常识。
- 了解参加酒会、茶会、沙龙等活动的禁忌。

技能目标

能够运用所学的礼仪知识组织、参加商务休闲活动。

【本章知识结构图】

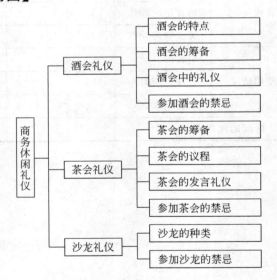

【案例情景】

周小姐代表公司出席一家外国商社的周年庆典活动。正式的庆典活动结束后,外国商社为全体来宾安排了一场酒会。尽管在此之前周小姐并未参与过正式的酒会,但是她在酒会开始之后发现其他人都表现得轻松、随意,便也像别人一样放松自己。让周小姐开心的是,她在餐台上排队取甜点时,竟然见到自己平时爱吃的提拉米苏蛋糕和黑森林蛋糕。于是,她毫不客气地替自己盛了一大盘。当时她的想法是:这东西虽然好吃,可也不便再三再四地来取,否则旁人就会嘲笑自己没见过什么世面了。再说,这么好吃的蛋糕,这会儿不多盛一些,保不准一会儿就没有了。然而,令周小姐脸红的是,当她端着盛满了蛋糕的盘子从餐台边上离去时,周围的人居然都用异样的眼神盯着她。有一位同伴还用鄙夷的语气小声说道:"真给中国人丢脸!"事后一经打听,周小姐才知道,自己当时的行为是有违酒会礼仪的。

【理论专栏】

在今日中国的社交场合,商务休闲活动越来越被职场年轻人喜爱。不少人在休闲的同时,增进了同仁之间的交往,促进了商务活动的顺利开展。

第一节 酒会礼仪

在商务活动中,酒会是较常见的、较为高档的休闲方式,一般是在大型活动前后举办,举办时间一般是在下午5点到晚上7点,是一种较为活泼,有利于宾客之间广泛接触与交流的便宴形式。它以酒水为主,略备小食品,如三明治、小面包、小香肠、咸肉卷等,置于小桌上或茶几上,供客人取用。

一、酒会的特点

1. 不排席次

在酒会上,通常不为用餐者设立固定的座位,也就是说,它是不用排桌次、位次的。用餐者在用餐时,一般站立或找个座位稍作休息。

2. 自由交际

因无席位限定,在酒会上用餐完全可以自由自在地选择自己中意的交际对象,自由组合,随意交谈。

3. 自选菜肴

与正式宴会上依照选定的菜单次第上菜大不相同,在酒会上,用餐者所享用的酒水、点心、菜肴均可依据个人口味和需要去餐台选取,或通过侍者选取。

二、酒会的筹备

在我国,举办的酒会以官方性和商务性的居多。一个成功的酒会大致需要做如下筹备。

(1) 确定酒会类型、酒会主题。

(2) 地点的选择,根据不同主题选择室内或是室外。

(3) 场地的布置和物料的准备,如鲜花、彩带、舞台背景、签到用品、宾客纪念品、各类提示牌等。这些准备都是为了烘托气氛、衬托主题。

（4）酒水及食物的安排要全面。

（5）人员配置。酒会现场需配置摄影师、司仪等若干工作人员。

（6）列出酒会嘉宾名单，掌握客人的国籍、宗教信仰、喜好与禁忌。

（7）罗列酒会流程，酒会应有亮点。准备节目，如歌舞表演，燃放烟花，幸运抽奖，司仪、嘉宾致辞等。

（8）派送邀请函。邀请对象除客户外，还应邀请客户的太太（或女友、舞伴）。应由专人联系并确认客人能否参加，以确定最后的人数，便于安排。

举办酒会应注意选择一宽敞明亮的环境，并加以精心布置，给人以亲切、融洽、和谐之感。东道主可将客人作一一介绍，以免冷场；备足酒水、食品，并由专门的服务人员负责添加；照应好每位客人，不能冷落客人；参加商务酒会的人员不可贪杯，以免出现尴尬的局面。

三、酒会中的礼仪

商务人员参加酒会前，应认真了解参加酒会必备的礼仪。

（一）个人礼仪

1. 着装

着装往往说明了参与者对于酒会重视的程度，随意的穿着是对主办方的不尊重。女士在酒会中，尽量不要浓妆艳抹，保持清新淡雅、干净整洁的妆容即可。男士就算不穿衬衣，也不能穿没领的衣服。不论男士还是女士，穿着一定要得体，参加酒会不能穿拖鞋或是牛仔裤，尽量做到端庄大方、干净整洁。

2. 时间

在欧洲，出席酒会的时间很重要，一定要准时，不要早到或是迟到。早到与迟到在欧洲都会被认为是很失礼的事。然而，如果是美式酒会，客人在酒会开始至结束的一段时间里均可入场，没有严格约束。

3. 风度

参加酒会的客人都应彬彬有礼，举止优雅。酒会上应低声说话、小口啜饮、少量进食，用左手拿取餐点与酒杯，右手时刻准备着与客人握手示意。手边随时准备一块餐巾，以备不时之需。吸烟的客人最好不要在酒会上吸烟，或者尽量到吸烟区吸烟。

4. 酒杯的握法

握杯的方法是很有讲究的，一般应该握住酒杯的杯脚，轻呷一口，不喝时要将杯子稳稳地拿在手上，不要把酒杯放在桌子上，千万要避免酒杯里的酒洒出来。持杯一定要用左手，且用右手和别人握手的时候一定要保持手部的清洁。

5. 言谈

酒会上不适合谈论体重、婚姻和宗教等敏感的话题。和他人谈话时注意力要集中，其间可适当使用肢体语言。当他人谈话时，不可轻易插嘴或打断谈话，也不可滔滔不绝地和某人一直谈话。

6. 告辞

通常情况下,酒会进行两个小时。正餐之后的酒会如果是在周末举行,那就意味着应在晚间11点至午夜告辞。离开时,客人应向东道主当面致谢。倘若因故而不得不早一些告辞,则致谢不能引人注目,以免其他客人认为他们也该走了。

7. 致谢

酒会之后的第二天上午,可与东道主通个电话,向对方祝贺酒会的成功,使其消除对酒会结果的担忧。如果对方还在担忧酒会的成功与否,可无拘无束地与他讨论各种成功细节以消除其忧虑。

礼仪小知识

商务女性最好不要穿戴得如同电影明星般时髦前卫。因为多数的商务酒会场合,是具有工作性质的,所以商务女士参加酒会的着装一定不能穿吊带衫、露脐装等太暴露的衣服,应穿典雅大方的服装。

(二)饮酒礼仪

(1) 酒不同而杯各异。一套完整的酒杯应包括一只醒酒器、一套水杯(又称"常饮杯",喝水和软饮料)、一套威士忌杯、一套红酒杯、一套香槟杯、一套白葡萄酒杯、一套烈性酒杯。从左到右,最大号杯(水杯)在最左边,最小号杯(烈性酒杯)在最右边。饮酒顺序一般为:先低度酒,后高度酒,最后少量烈酒;先喝白葡萄酒,后喝红葡萄酒。

(2) 冷藏的酒应该用高脚杯。为了增加食欲,餐前酒通常要冷藏。持酒杯应以手指夹着或捏着高脚部位,如图8-1所示,千万不可把持杯壁部分,这样会使酒变温热。

图8-1 持酒杯手势

(3)女士宜喝清淡的酒。酒会供应的酒类较多,以葡萄酒类为主,烈性酒较少。啤酒、可乐、橙汁、雪碧等常见饮料,配备也很齐全。女士可根据个人的口味选用。

(4)饮酒有度。在酒会中备有各种美味酒水,但要饮酒有度,不要开怀畅饮,也不应猜拳行令,大呼小叫,或对别人劝酒。参加酒会时一定要熟悉自己的酒量,适可而止,切不可贪杯,引起醉酒,导致行为失态。

(三)用餐礼仪

(1)掌握餐序。商务酒会在用餐时,应该遵守秩序,排队取餐,切忌插队、哄抢等不文明行为。标准的酒会用餐顺序依次为开胃菜、汤类、热菜、点心或甜品、水果。

(2)多次少取。取餐时切不可一次取满盘,而应养成多次少取的习惯,即每次只取食一点,食物不够时可以多次取食。取菜时装得太满是十分失礼的行为。

(3)力戒浪费。在酒会上,商务人员取酒水、点心、菜肴时,切记不要超标过量。每次取回的食物最好全部食用,不要浪费。另外,在商务酒会上,水果皮、瓜子壳和塑料袋等垃圾不能随地乱扔,要放在指定的收垃圾处。

(4)禁止外带。一般来说,酒会上的酒水和食品供应充足,宾客可按自己需要享用,但这只限于在酒会之上,绝对不可把食物和酒水等带走。

(5)适度交际。酒会是交流信息的重要场合,因此参加酒会时不可矜持不谈,而要抓住时机,积极主动地与自己感兴趣的对象进行交谈。这样才能达到获取信息、联络感情、结交新知的目的。在酒会上不与任何人交流,是非常失礼的表现。

四、参加酒会的禁忌

(1)早到、迟到或过晚离去。

(2)用又冷又湿的右手和人握手。

(3)右手拿过餐点,还没擦干净,就和人握手。

(4)和别人说话时东张西望。

(5)抢着和重要人物谈话,不让别人有机会和他们搭讪。

(6)硬拉着东道主的领导讨论严肃话题,滔滔不绝,使他无法处理更重要的事情。

(7)霸占着餐点桌,使其他人没有机会接近食物。

(8)把烟灰弹到地毯上,或拿杯子当烟灰缸等不卫生行为。

礼仪小知识

喝鸡尾酒时,需用鸡尾酒杯,通常是呈倒三角形的高脚玻璃杯,不带任何花纹。因鸡尾酒要保持其冰冷度,所以手应接触其高脚部位,不能直接触摸杯壁,使其变暖而影响酒味。

第二节　茶会礼仪

茶会在我国有着悠久的历史,最早的茶会是为了进行交易和买卖。后来,茶会逐渐成为一种用茶点招待宾客的社交性聚会形式,参加者可以不拘形式地自由发言,社交气氛更为融洽,以此交流思想、联络感情、洽谈业务、开展商务。在商界,它还有另外一个名称,即"商界务虚会"。茶会礼仪,就是指人们在各种茶会活动中应遵守的礼仪。

一、茶会的筹备

茶会的筹备主要涉及主题的确定,来宾的邀请,时间、地点的选择,茶点的准备,座次的安排五个方面。

(一) 主题的确定

一般情况下,商界所召开的茶会,根据其不同目的可以分为专题性茶会、联谊性茶会和娱乐性茶会。

1. 专题性茶会

专题性茶会是指主办单位在某一特定的时刻,或为了某些专门的问题收集大家的意见和建议,听取某些专业人士的见解,或者是同某些与本单位存在特定关系的人士进行对话。

2. 联谊性茶会

通常情况下,以联谊为主题的商务茶会最多。在这类茶会上,宾主通过叙旧与答谢,往往可以交流信息,增进相互之间的了解,密切彼此之间的关系。联谊性茶会为与会的社会各界人士提供了一个扩大社交圈的良好契机。

3. 娱乐性茶会

娱乐性茶会是指在茶会上安排了一些文娱节目或文娱活动,并且以此作为茶会的主要内容。这类茶会,主要是为了活跃现场的气氛,调动与会者参与的积极性。

商界人士召开茶会,一定要根据不同目的确定其主题,以保证茶会的成功举办。

礼仪小知识

茶会形式多种多样,有品茶会、茶话会、音乐茶座等。一般庄重、高雅的茶友间相聚多用品茶会;单位集体座谈某种事项用茶话会;娱乐、消遣性聚会宜安排音乐茶座。

(二) 来宾的邀请

在一般情况下,茶会的与会者主要分为下列五种。

1. 本单位的人士

主要是邀请本单位的各方面代表参加,意在沟通信息,通报情况,听取建议,嘉勉先进,总结工作,以本单位人员为主的茶会又称内部茶会。

2. 本单位的顾问

意在表达对有助于本单位的各位专家、学者、教授的敬意,也可在茶会中进一步向其进行咨询,听取他们的建议。

3. 社会上的贤达

社会贤达通常是指在社会上拥有一定的才能、德行与声望的各界人士。该类茶会可使本单位与社会贤达直接进行交流,并且倾听社会各界对本单位的意见和建议。

4. 合作中的伙伴

合作伙伴包括与本单位存在着供、产、销关系的单位或个人。该类茶会意在向与会者表达谢意,加深彼此之间的理解与信任。以合作伙伴为主要参加人员的茶会也称联谊会。

5. 其他各方面人士

这类茶会除了可供主办单位传递必要的信息外,还可以为与会者创造扩大个人交际面的社交机会,这类茶会又叫综合茶会。

茶会的来宾名单一经确定,应立即以请柬的形式向对方提出正式邀请。按惯例,茶会的请柬应在半个月之前被送达或寄达被邀请者手中,被邀请者可以不必答复。

(三) 时间、地点的选择

1. 举行时间

举行茶会的时间包括举行的时机、举行的具体时间和举行时间的长短。

茶会举办时机选择得当,茶会才会产生应有的效果。通常认为,辞旧迎新之时、周年庆典之际、重大决策前后、遭遇危险挫折之时,都是酌情召开茶会的良机。

根据国际惯例,举行茶会的最佳时间是下午 4 点左右,有时也可将其安排在上午 10 点左右。在具体操作时,不用墨守成规,应该以与会者特别是主要与会者的行程以及当地人的生活习惯为准。

关于一次茶会举行多长时间,可灵活掌握。关键在于现场有多少人发言,发言是否踊跃。在一般情况下,一次成功的茶会,应适可而止,一般时长限制在 1~2 小时。

2. 举行地点

茶会一般选择在主办单位的会议厅或酒店的宴会厅举办。另外,主办单位负责人的私家庭院或露天花园、高档的营业性茶楼或茶室也可用于举行茶会。通常认为餐厅、歌厅、酒吧等喧嚣场所均不宜用于举办茶会。选择茶会的具体场地时,应兼顾与会人数、支出费用、周边环境、交通安全、服务质量、档次名声等问题。

(四) 茶点的准备

商务茶会是"以说为主、以吃为辅"的聚会,所以不用在吃的方面准备时间过长。在商务茶会上,为客人提供的茶点,应当被定位为配角。在进行准备时应注意,对于用来待客的茶叶、茶具,务必要精心准备,应尽量挑选上等品,还要注意照顾与会者的不同口味。茶具最好选用陶瓷茶具,并且茶杯、茶碗、茶壶成套使用。所有的茶具一定要清洗干净,并完好无损。

茶会上还可以为与会者略备一些点心、水果或是地方风味小吃,需要注意的是,在茶会上向与会者供应的点心、水果或地方风味小吃,品种要适合、数量要充足,并要方便取食。同时,还要配上湿巾。按照惯例,茶会后不必再聚餐。

茶会的布置,可以根据茶会的内容和举办时季节的不同,在席间或室内布置一些鲜花,如在夏季,以叶子嫩绿、花朵洁白的茉莉为宜,如在冬季,则以高洁素雅的蜡梅和生机盎然的水仙为宜,使人有清幽雅洁之感。

(五)座次的安排

根据惯例,在安排茶会与会者的具体座次时,主要采取以下几种方式。

1. 环绕式

不设立主席台,把座椅、沙发、茶几摆放在会场的四周,不明确座次的具体尊卑,与会者在入场后自由就座。这一安排座次的方式,与茶会的主题最相符,也最流行。

2. 散座式

常见于室外举行的茶会。可将座椅、沙发、茶几等自由地组合,甚至可由与会者根据个人要求而随意安置,以创造出一种宽松、惬意的社交环境。

3. 圆桌式

在会场上摆放圆桌,请与会者在周围自由就座。圆桌式又分为两种形式:一种是适合人数较少的,仅在会场中央安放一张大型的椭圆形会议桌,而请全体与会者在周围就座;另一种是在会场上安放数张圆桌,请与会者自由组合。

4. 主席式

在茶会上,这种排位是指将主持人、主人和主宾安排在一起,其他来宾随意就座。

总体而论,为了使与会者畅所欲言,并且便于大家交流,茶会上的座次安排尊卑不宜过于明显。不排座次,不摆放与会者的名签,允许自由活动,乃是其常规做法。

二、茶会的议程

茶会的议程颇为简单。一般情况下,商界举办的茶会议程大体有以下几项。

(1) 主持人宣布茶会正式开始。在宣布茶会正式开始前,主持人应当提请与会者各就各位,并保持安静。在会议宣布正式开始之后,主持人还要对主要与会者略加介绍。

(2) 主办单位的负责人讲话。讲话应以阐明此次茶会的主题为中心内容,同时应代表主办单位对全体与会者的到来表示欢迎与感谢,并且恳请大家今后一如既往地给予本单位更多的理解与更多的支持。

(3) 与会者发言。根据惯例,与会者的发言在任何情况下都是茶会的重心。为了确保与会者能够畅所欲言,通常,主办单位事先不对发言者进行指定和排序,也不限制发言的具体时间,而是提倡与会者自由地进行即兴式的发言。有时,与会者在同一次茶会上还可以进行数次发言,以不断补充、完善自己的见解。

(4) 主持人略作总结,宣布茶会结束。茶会结束时,来宾应向主人道别,也要和新老朋友辞行,不要中途退场或不辞而别。

三、茶会的发言礼仪

茶会的现场发言要想真正获得成功,重点在于主持人的引导得法和与会者的发言得体。

(1) 主持人要积极引导。茶会上,主持人应随时注意来宾在茶会上的反应,审时度势,因势利导地引导与会者的发言,控制会议的全局。

礼仪小知识

在茶会上,大家争相发言时,主持人决定先后。没有人发言时,主持人引出新的话题,或者恳请某位人士发言。会场发生争执时,主持人要出面劝阻。在每位与会者发言前,主持人可以对发言者略作介绍。发言的前后,主持人要带头鼓掌致意。

(2) 与会者要畅所欲言。参加茶会的每个人都有义务维护茶会的气氛,不可使茶会冷场,也不可使茶会秩序混乱。

礼仪小知识

与会者要求发言时,可举手示意,但同时也要注意谦让,不要与人争抢。不论自己有何高见,打断他人的发言都是失礼行为。发言时,语速适中,口齿清晰,神态自然,用语文明。肯定成绩时,一定要实事求是,不可阿谀奉承。提出批评时,态度要友善,切勿夸大事实,讽刺挖苦。与他人意见不合时,要保持风度,切勿当场对其表示出不满。

四、参加茶会的禁忌

(1) 玩笑过度,伤害他人自尊。
(2) 不愿发言,或是发言严重脱离主题。
(3) 行为举止毫无约束,随便走动,破坏气氛。
(4) 当场表示自己的不满,甚至对他人进行人身攻击。
(5) 对与会人员厚此薄彼,不能同等对待。
(6) 与会者发言时,为了显示自己的高见,大声宣讲,唯恐其他与会者听不见。
(7) 自己的发言受到冷落后,就开始生闷气、板着脸,将不满在其他与会者面前毫无保留地表现出来。

第三节 沙龙礼仪

沙龙,本来是法语中"客厅"或"会客室"一词的音译。从17世纪起,西欧贵族和资产阶级中的一部分人经常聚集在某些私人的客厅里,谈论哲学、文学、艺术、政治、经济和社会问题。这种社交聚会逐渐成为一种时尚,后来还传到了欧洲和世界上其他地方,相沿成习,人们便将这种主要是在室内进行的专门的社交性聚会称为沙龙。

时至今日,沙龙在商界仍然非常流行。商界人士看中沙龙这种社交的形式,主要是因为它形式自然、内容灵活、品位高雅,可以使渴望友谊、注重信息的人们,既正规而又轻松愉快地与其他人进行交际。

一、沙龙的种类

按照人们在聚会中所讨论的中心话题或从事的主要活动,可将沙龙分为许多种类。具体来讲,包罗万象,内容众多的,叫作综合沙龙;亲朋好友、同事、同学相互之间以保持联络为目的的,叫作交际沙龙;为了接待来访者,意在相互了解、加深认识的,叫作联谊沙龙;以学术讨论为主要内容的,叫作学术沙龙;主要由文学艺术爱好者发起、参加的,叫作文艺沙龙;以休闲、娱乐为主要活动形式的,则叫作休闲沙龙。

商务人士对各种沙龙都有不同程度的接触,但是对实际工作最有影响、最有帮助的,则是交际沙龙和休闲沙龙。

(一) 交际沙龙

1. 交际沙龙的目的

交际沙龙的主要目的是使参加者保持接触,促进交流。因此,它的具体活动形式灵活多样,座谈会、校友会、同乡会、聚餐会、庆祝会、联欢会、生日派对、节日晚会、家庭舞会等都属于交际沙龙。

2. 交际沙龙时间、地点的选择

举办交际沙龙的时间,一般应为2～4小时。在具体执行上,如果大家意犹未尽,也可将时间适当地延长一些。通常,为了不影响正常工作,交际沙龙以在周末下午或晚间举行为佳。

举办交际沙龙的地点,应当选择条件较好的主人家客厅、庭院,或是酒店、餐馆、写字楼内的某一专用房间。房间应面积大、通风好、温度适中、照明正常、环境优雅、没有噪声、不受外界的其他任何干扰。

3. 交际沙龙的形式

交际沙龙的形式,应根据具体目的加以选择。

如果大家只想"见一见"或是"聚一聚",那么就应当选择较为轻松、随便的同乡会、聚餐会、联欢会、节日晚会或家庭舞会。

要是打算好好地"谈一谈"或是"聊一聊",则不妨选择不易分神的咖啡会、座谈会、讨论会等形式。

在具体操作上,这几种形式也可以彼此交叉或同时使用。有时,不确定交际沙龙的具体程序或具体议题,而听凭参与者们随意发挥,也是可行的。

4. 交际沙龙的礼仪

虽然沙龙聚会形式比较自由、随意,但仍应当讲究必要的礼仪。

（1）在通常情况下，交际沙龙的地点、时间、形式、主人和参加者，均应事先议定。它可以由一人发起、提议，也可以由全体参与者群策群力，共同讨论、决定。

（2）遵时守约。赴会的人，通常不宜早到。准时到场或迟到3～5分钟，是比较规范的。临时有事难以准点到达，或不能前往，需提前通知主人，并向大家表示歉意。

（3）穿着要得体。男士要注意外衣、衬衣和领带颜色的调和，女士的衣着应整洁悦目。参加不同类型的沙龙，着装也要与其相适应。

（4）举止文雅大方。文雅大方、彬彬有礼的举止有助于树立良好的形象，赢得大家的信任和尊敬。在沙龙中，切不可把不拘小节、不修边幅作为洒脱的体现，随地吐痰、当众抠鼻子、挖耳朵等看似很小的动作，却显得粗俗不堪。

（5）交谈真诚。沙龙是展示个人修养、结交新朋友的重要社交形式，交谈中务必真诚，言之有物、言之有理，紧紧围绕主题，防止空洞无物、信口开河。另外，不轻易打断他人的发言，插话时要礼貌地说一声"对不起"。

（二）休闲沙龙

1. 休闲沙龙的形式

与交际沙龙相比，休闲沙龙是娱乐性和休闲性更为突出的交际活动。常见的休闲沙龙有游园联欢会、远足郊游会、家庭音乐会、小型运动会、俱乐部聚会等。

对商务人士来说，邀请友人、同行、合作伙伴等，利用闲暇时间到自己家里、风景秀美的山庄或俱乐部，欣赏音乐、打高尔夫球或网球、钓鱼等，在轻松愉快的气氛中，可快速增进感情。

2. 休闲沙龙的礼仪

休闲沙龙以休闲、游玩为主，轻松、随意、自然，特色十分鲜明。然而在商界，休闲沙龙里的应酬与礼仪与正式场合的社交在实质上并无二致。

（1）商务人员在休闲沙龙里，应当表现得像玩。所谓像玩，就是要求穿戴方面"轻装上阵"，换上与休闲沙龙的具体环境相般配的牛仔装、运动装、休闲装，穿上轻便的运动鞋，实实在在地进入此时此地的角色之中。切勿在休闲沙龙里一本正经，男的穿西装、打领带，女的着套裙、穿高跟鞋，以免破坏别人轻松愉悦的心情。

（2）商务人员在休闲沙龙里，应当表现得会玩。所谓会玩，有两层含义。一方面是指玩的技巧；另一方面则是指对玩的内容的选择。在休闲沙龙所玩的内容，应当既高雅脱俗，又适合休闲娱乐。总之，是要又能玩、又好玩，而且还要力争做到大家都会玩、都爱玩。一般来讲，打桥牌、下象棋、打网球、打高尔夫球，或是举办小型音乐演奏会，都是休闲沙龙可优先选择的内容。

（3）商务人员在休闲沙龙里，应当表现得以玩为主。既然是休闲、娱乐，商务人员在沙龙里，以玩为主要活动内容。不要表现得过分急功近利，否则，只会欲速而不达。该办的事自然要办，该说的话当然要说，只不过一定要选择最佳的时机。要是玩完之后，或是过上一两天再谈正事，往往可能比在玩的时候谈论，更易于奏效。

有经验的商界人士都懂得，该工作时就要工作，该休息时就要休息。因此，参加休闲沙龙时，切勿忘记应当以休闲为主，以交际为辅，不要随便将二者倒置。

📖 礼仪小故事

小李请张经理去茶馆喝茶,旨在合作意向事宜。席间,小李一直与张经理套家常,从东扯到西,还打了两个电话给老板,通报商谈进展情况。张经理默不作声,反复地看表。最后,张经理说:"李小姐,我们明天再联系。我会打电话给您。"可是自从那次走出茶馆之后,张经理再也没有约小李见面,而是同该公司的另一名业务员签订了合同。

二、参加沙龙的禁忌

(1) 不与任何人交谈,有意显得与众不同。
(2) 与他人接触时,只与固定的交往对象交谈。
(3) 奉行"排他主义",一味盯住熟人、上司、嘉宾不放,又不准其他人介入。
(4) 在发言讨论时,争强好胜,强词夺理。
(5) 逾越规矩,漠视法律和公德,如沾上"黄、赌、毒"。

【即学即练】

★ 基本知识

一、判断题

1. 参加酒会可以用左手拿取食物。　　　　　　　　　　　　　(　　)
2. 饮用冷藏酒时,应当握住杯子的杯身。　　　　　　　　　　(　　)
3. 一般而言,举行茶会的最佳时间是下午四点钟左右。　　　　(　　)
4. 餐厅、歌厅、酒吧等场所均可用来举办茶话会。　　　　　　(　　)
5. 在茶会上,为与会者所提供的茶点,应当被定位为配角。　　(　　)

二、选择题

1. (单选)茶会有别于正式宴会,一般只上(　　)。
 A. 主食　　　　　B. 酒水　　　　　C. 茶点
2. (单选)茶会的主题可以分为(　　)。
 A. 联谊性　　　　B. 娱乐性　　　　C. 专题性　　　　D. 以上都是
3. (单选)"商界务虚会"是指(　　)。
 A. 媒体见面会　　B. 新闻发布会　　C. 茶会　　　　　D. 董事会
4. (多选)商务人士对各种沙龙都有不同程度的接触,但是对实际工作最有影响、最有帮助的,则当数(　　)和(　　)。
 A. 交际沙龙　　　B. 休闲沙龙　　　C. 联谊沙龙　　　D. 文艺沙龙

三、简答题

1. 参加酒会有哪些用餐礼仪?

2. 休闲沙龙的礼仪有哪些?

★ **案例分析**

小王忽然接到同学小张的电话,问他什么时候来参加自己的生日聚会。这时小王才想起自己答应过今晚参加他的生日聚会,于是匆匆忙忙赶到聚会地点,发现来的人很多,有一些相识的同学,但也有很多不认识的人。小王一整天在外奔波,衣服穿得很随便,加之连日来事情很多,脸上也满是疲惫之色。当小王拖着有些疲惫的步子走进聚会厅时,看到别人都衣着光鲜,神采飞扬,心里有点不快,后悔自己勉强过来参加聚会,所以脸色更是难看,没有一点笑容。小张过来招呼小王,小王勉强表达了祝福,便坐在一旁喝了几杯啤酒,不想与人寒暄,坐了一会便又借故离开了。

问题:
小王在这次同学生日聚会中,有哪些失礼的行为?

★ **技能实训**

在课堂上,安排一场送别转专业同学的茶会,安排同学3～5人扮演角色,模拟演练10～15分钟,再安排2～3人进行分析与点评。

第九章 求职面试礼仪

【学习目标】

◎ 知识目标

- 了解求职面试礼仪的含义。
- 掌握求职前应做的各项准备工作以及面试过程中的具体礼仪规范。
- 掌握简历、求职信与感谢信的撰写技巧。
- 了解面试后续工作的具体内容。

◎ 技能目标

- 在求职面试中,能够遵从职场着装、仪表与行为举止方面的礼仪规范。
- 在求职面试中,能够准确地自我介绍并灵活运用沟通交流技巧。
- 能够熟练撰写简历、求职信与感谢信。

【本章知识结构图】

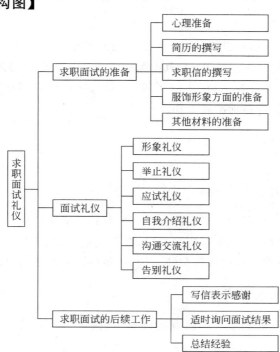

【案例情景】

　　学习广告专业的小宋马上就要毕业了,她打算去一家外资广告公司应聘。她很欣赏这家公司,并希望有机会加入。

　　为了在面试中能有好的表现,她为面试做了一些准备:首先,她详细了解了这家公司经营的业务,将该公司的经营理念、团队口号等打印出来,进行反复阅读、理解。接着,她分析了该公司过去的成功案例,将其中自己不太熟悉的专业理论认真地研究了一番。然后,她上网浏览了该公司的网页,全面了解了该公司的经营情况、人文环境和企业文化。

　　与此同时,她还上网对面试中经常会被提问的问题进行了搜索,并事先准备了回答问题的方向。面试那一天,小宋身穿职业装。神采飞扬地出现在招聘现场。由于准备充分,她在面试过程中给面试官留下了非常好的印象。

　　得体的表现和干脆利落的回答,让考官非常满意,最终她获得了面试的成功。

【理论专栏】

　　面试礼仪是公共礼仪的一种,也是职场礼仪的一部分,是指求职者在求职过程中与招聘单位、接待者、招聘者接触过程中所应具备的礼貌行为和仪表规范。它通过求职者的应聘材料、应聘语言、仪态举止、仪表服饰等方面体现出来,是求职者文化修养、道德水平、个性特征的具体体现。了解和掌握求职面试的相关礼仪知识是我们成功进入职场的关键。

第一节　求职面试的准备

　　在求职面试过程中,通过投递的简历,能够使招聘单位对求职者是否适合所招聘的岗位有初步的判断。通过面试环节,人力资源的主管甚至是企业的高层管理人员会与应聘者面对面交流,进行更直观、更深入的了解,从而最终决定是否录取。所以,求职者在求职面试之前必须要做好各项准备工作。

一、心理准备

(一)正确评价自己

　　求职面试是正确认识和剖析自己的过程,要实事求是地评价自己,要知道自己的长处和短处,既不要妄自尊大,也不要盲目自卑,要摆正心态,只有这样,在面试过程中才能扬长避短,巧妙避开或弥补自己有所欠缺的地方,更好地表现出自己的长处。

(二)树立正确的就业观

　　在就业形势如此严峻的今天,"就业定终身"的传统思想早已不再适用,求职者要树立"先就业再择业"的观念,当就业形势与期望不相符时,要选择一份工作先干起来,积累工作经验,为后续的发展做准备。

(三)正确对待应聘,消除紧张情绪

要坚信"天生我材必有用",充分认识到即使应聘不成,也是一次有益的尝试,只有大方、真诚、坦然地面对求职应聘,才能在面试过程中举止得体,思维敏捷,准确地表达自己。尤其是要正确对待面试过程中可能产生的紧张、焦虑情绪,有效地调节自己的情绪,自信从容地面对最终的面试,不要因紧张情绪影响正常发挥。

二、简历的撰写

一份引人注意的简历是获取面试机会的敲门砖,简历的撰写是求职者面试前的重要准备工作。

(一)简历的设计原则

1. 真实
简历中所提供的个人信息,必须要真实、客观,尤其是涉及个人经验和能力方面的描述,应与本人实际工作水平相同,不能夸大其实。

2. 简明
简历中的语言文字应简单明了,语句要求精炼,避免繁杂冗长。

3. 突出
简历中要重点突出个人能力、经验以及过去的工作成就,并且辅以相关佐证材料。通过这些能够让用人单位确信,求职者具备能做好这份工作的能力,这是引起单位注意的最好方法。

总之,求职简历要证明求职者的能力、经验与自信,要明确让公司知道,入职后能为公司带来什么利益、贡献或成效,这才是增加求职成功率的砝码,没有公司想花钱请毕业生来学习。

(二)简历的内容

简历没有固定的格式,对于工作经历比较少的大学毕业生来说,简历一般包括个人基本资料、学历、社会工作、获得奖励、课外活动与兴趣爱好、个人特长等内容,具体可以分为以下三部分。

(1)个人基本资料。主要包括姓名、年龄、专业、毕业院校及联系方式等。

(2)学历情况概述。主要是指学习历程、主要课程及成绩、在校期间获奖情况、曾参加过的社会实践活动、所任职务以及承担的任务等。

(3)工作经历、个人专长与求职意愿。工作经历包括曾经实践过或工作过的单位名称、职位及个人工作成果、接受培训或者深造情况。个人专长不仅包括所学专业,还包括工作、生活以及因个人兴趣发展而来的能力,日常生活中的爱好与特长,其中与应聘岗位

有关的专长尤为重要。求职意愿是指想要申请的职位。

三、求职信的撰写

求职信是求职者在个人简历的基础上向招聘单位简明扼要地介绍个人专业水平、职业技能、职业规划以及对应聘岗位的认知等信息的文书。它便于招聘单位对求职者有更深入的了解,有助于求职的成功。求职信的写作技巧主要包括以下几方面。

(一)言辞得当,简洁明了

求职信要言简意赅、言辞贴切。简洁流畅的求职信不仅可以节约审阅人的时间,还会引起其好感。精炼的求职信表现在开门见山、语气平实、内容集中、重点突出、文章流畅,可激发收信人进一步了解求职者的好奇心。

(二)富有个性,激发兴趣

立意新颖、富有创新、语言独特的求职信往往能给对方留下深刻的印象,引发其注意,激发兴趣。因此,写求职信,如同策划一个广告,不要拘泥于固定模板。

(三)精心设计,突出重点

求职信先说什么,再说什么,重点突出什么,都需要精心设计,一般应重点突出专业知识、工作经验、个人能力等。一定要事先了解用人单位,根据其需求,突出其关注的重点内容。

(四)实事求是,恰当表现

一个人的诚信是非常重要的,写求职信要实事求是地描述自己,强调自己的优势,强调对用人单位的价值,既不过分夸大,也不过分谦虚,合理恰当地推销自己。

(五)以情动人,以诚取信

写求职信也要有感情色彩,通过有情感的信息,传递思想,设法引起对方共鸣,感动对方,如求职单位是学校,就要充分表达献身教育事业的理想等。写求职信还有以诚感人,通过诚恳的态度取信于人,让他人喜爱。

(六)争取面试,礼貌大方

写求职信的目的就是建立联系,争取面试机会。在求职信上要提醒用人单位留意附加的个人简历,并请求对方回复信息,用语礼貌大方,展示大学生自信大方的好形象。

(七)仔细推敲,不断完善

写求职信一定事先整理好个人材料,突出重点,写好文字材料。求职信写好后,还要仔细推敲、反复修改,根据不同用人单位的需要及时增减相关内容,有针对性地提交合适的求职信。

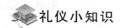礼仪小知识

求职信范文

尊敬的×××经理：

您好！非常感谢您在百忙之中抽出时间，阅读我的求职信。

我是一名市场营销专业的应届毕业生，作为一名渴求有所作为的年轻人，贵单位良好的公众形象和发展前景深深吸引了我。通过公司网站上的招聘信息，我得知贵公司近期在招聘市场营销策划专员，我自信具备招聘岗位中所要求的各项任职资格。

大学四年，我系统学习并掌握了营销管理、营销策划、营销战略、广告学等相关专业知识，并不断地通过自学来拓宽自己的知识层面，广泛涉猎金融、会计、法律、计算机等领域的知识。一分耕耘、一分收获，我先后获得三次"系三好"、一次"院三好"和"优秀学生干部"等荣誉称号，并先后通过了英语四级、计算机二级考试。

"纸上得来终觉浅，绝知此事要躬行。"我积极参加学生会工作和各种社会实践活动。在担任院学生会编辑部部长期间，我全面负责院刊《财院青年》《院团学工作反映》的编辑工作。结合本专业的要求，我抓住各种机会，赴各地进行调研，帮助企业、商家进行营销策划或产品推广，使自己的组织协调能力和专业能力有了实质性的提高。

我真诚地等待着您的检阅，期盼着能为贵单位贡献自己的绵薄之力！下页附个人履历表，热切期盼您的回音！

祝您工作顺利！

此致

敬礼

×××

××××年××月××日

四、服饰形象方面的准备

（一）男士

男士在服饰方面应该准备好以下几部分。

一套得体的西装，颜色应以主流颜色为主，如灰色或深蓝色。一件熨烫平整的衬衫，以白色或浅色为主。一条颜色与西服相衬的领带。一双整洁的黑色、系带牛皮鞋。一双与西装、皮鞋颜色协调的深色袜子。此外，应在面试前三到五天理发，并在面试前一天将头发洗干净。尽量避免面试前一天理发，以免看上去不够自然。

（二）女士

女士在服饰方面应该准备好以下几部分。

一套简洁大方、合体的职业套装，其中裙子要长短适宜，太长或太短都是不合适的，

套装色彩不要过于鲜艳,要展现应聘者的品位和气质。一双透明的近似肤色的丝袜,切忌出现脱线或者破损情况,可以再另外备一双放在包里以防万一。一双合脚的皮鞋,颜色跟套装颜色一致,后跟不宜太高太细,切忌穿长筒靴或露脚趾的凉鞋。

五、其他材料的准备

(一)招聘单位与应聘岗位的信息

面试前了解企业及相关行业的内容越丰富,面试中就能越从容面对。这也是向招聘企业表达尊重和自己的求职意愿的重要途径。这方面的信息必须是真实、准确的一手资料,不能是道听途说、不可靠的信息。可以通过登录企业网站、行业协会等相关网站、查询专业杂志、跟业内资深专家请教等途径获取。招聘单位的信息主要包括公司创立年代、所在地、企业文化、主要产品、市场定位、市场占有率、增长幅度、在行业中的排名等;应聘岗位的信息主要包括自己本次应聘的职位的特点、具体要求、工作内容、薪资待遇等。

(二)公文包

求职面试前要准备好公文包,把简历、记事本、个人身份证等材料有条理地放在公文包中,以便随时取出。公文包以黑色手提式长方形皮包为主,尺寸不能太大或太小,以能够装下 A4 纸张大小为宜。

第二节 面试礼仪

求职面试时应注重礼仪,讲究艺术,求职者要争取以适宜的衣着外貌,恰当的言谈举止,良好的礼貌、礼节,给主考官留下深刻的第一印象,利用一切机会展现优良的思想与品德素养,高雅的艺术修养,以及深厚的文化底蕴,以获得用人单位的好感和认可。

一、形象礼仪

面试者的外在形象是给主考官的第一印象,这在很大程度上会影响到能否被录用。得体的服装,恰当的配饰,加上适宜的发型与妆容,会展现出端庄优美的外貌形象。因此,面试时应尽量搭配出最佳形象,表现出最佳状态。

(一)得体的服装

恰当、得体的着装不仅能够弥补面试者自身条件的某些不足,扬长避短,而且能体现自己的独特气质。服装得体就是要做到简洁、大方、雅致。

求职者的服装应当与自己的个性相符合。如果拥有一张娃娃脸,就应该选择颜色深沉的套装,给人一种稳重的印象。如果相貌老成,就应该选择色调柔和的套装,显得充满活力,以免给对方造成与时代脱节的感觉。

求职者的服装还要与应聘的职位相适应。例如,在应聘与艺术有关的广告设计、市场策划等行业时,服装应尽量穿的时尚而富有创意,以凸显个性;应聘企业文化比较保守、传统的金融、保险、法律等行业时,应穿着能展示权威和能力的传统而保守的服装,此时西装与套装是最佳的选择。

(二)适宜的发型

发型是一个人形象的重要组成部分,完美形象从头开始。求职者应保持头发的清洁,并加以修饰,充分显示自己的生机活力。适宜的发型应该是美观、大方、不怪异的,并与自己的体型、脸型、年龄、服装及环境等因素相协调,男性不宜留长发、披肩发、蓄胡须,女性发型可以是短发、束发或盘发,但一定不要太新潮、前卫。

(三)适度的妆容

面试时,女性应聘者应该要化淡妆,既尊重别人,又尊重自己,同时让自己的五官精神起来,增强自信心。妆容要求简洁、大方、淡雅、自然,切不可浓妆艳抹或另类前卫。

(四)得当的配饰

配饰在人的整体装束中很重要,配饰用得好,似画龙点睛,使人更加潇洒飘逸;反之如画蛇添足,会破坏人的整体形象。领带在男性求职者的配饰中占重要地位,在选择领带颜色时,要考虑与西装颜色搭配,领带的质地图案也要与西装的颜色和个人的身材体型相协调。面试当天不宜佩戴镶宝石的领带夹、闪亮的袖扣、造型夸张的眼镜或手表等引人注目的配饰。女性求职者如果在面试时佩戴首饰,应该选择秀气、高雅的首饰来佩戴,千万不可佩戴贵重的珠宝,佩戴的首饰应当做到同质同色,数量不超过三件。如果是刚离校的求职者,一般除手表之外,不佩戴过多的饰品。

二、举止礼仪

专家认为在人际交往中,大约有80%的信息是借助举止这种无声的语言来传达的,应聘者在面试过程中的举止能够产生巨大的力量。

(一)目光亲切

在面试过程中,求职者要以亲切的目光注视面试官。大部分时间可以看着面试官的眼睛,以示尊重。但也不要长时间两眼直盯着对方,让其错误地认为是在向他挑战,给人一种高傲的感觉,可使目光局限于上至对方双额头,下至对方上身第2粒纽扣以上,左右以两肩为准的方框里。如果有两个以上的面试官,回答谁的问题就应注视谁的目光。面试过程中,切忌东张西望,心不在焉,显得漫不经心而不严肃,目光不要游移不定,免得让人觉得玩世不恭,轻视不屑。

（二）面带微笑

面试中,微笑至关重要。笑容是一种令人感觉愉快的面部表情,它可以缩短人与人之间的心理距离,为深入沟通与交往创造温馨、和谐的氛围。在面试中保持微笑,有以下几个方面的作用。

(1) 表现出心态良好。面露平和欢愉的微笑,说明心里愉快,充实满足,乐观向上,善待人生。

(2) 表现出充满自信,不卑不亢。面带微笑,表明与人交往中对自己的能力有充分的信心,容易被人接受,使人产生信任感。

(3) 表现出真诚友善。微笑反映自己内心坦荡,善良友好,待人真心实意,使人在与自己交往中自然放松,不知不觉地缩短了心理距离。

(4) 表现出乐业敬业。主考官会认为应聘者能在工作岗位上也会保持微笑,热爱本职工作,能够恪尽职守。在面试中要把握每个机会,展露自信自然的笑容,但切记不要一直呆笑。

（三）体姿端正

面试中的体姿主要包括站姿和坐姿,它是一个人基本素质和文化修养的直接反映。站要站直,抬头挺胸,下颌微收,双目平视,面带微笑,两手自然下垂,不要含胸驼背,不要两臂相抱。

面试官允许坐下时,在表达谢意后,应大方就座。入座时要在指定的位置上轻缓坐下,不要发出任何嘈杂的声音。坐下后要腰杆挺直,双手平放膝上,身体微微前倾,以示尊重。不要倚在桌上或缩在椅子里,不要僵直的向前伸着头,腿脚不要哆嗦,不要跷二郎腿,也不要用脚不停地敲击地板,这些都是缺乏教养和傲慢的表现。告辞时,轻轻站起离座。

入座与离座最重要的是稳重、安静、自然,不能发出任何声音。

（四）手势得当

在面试过程中,得当的手势有助于语气的表达,但是手势过多就会显得过于做作。此外,面试时双手不要有诸如摆弄钢笔、抠指甲、撩头发或抠鼻孔等小动作。这些不仅会分散主考官的注意力,也会给人留下不好的印象。

三、应试礼仪

（一）遵守时约

守时是职业道德的基本要求,在面试当天提前10~15分钟到达面试地点效果最佳。提前半小时以上到达,会被视为没有时间观念,但在面试时迟到或是匆匆忙忙赶到却是极为不妥的。不管有什么理由,迟到也会被视为缺乏自我管理和约束能力。如果路程较远,应早点出门,但早到后不宜立刻进入办公室,可在附近的咖啡厅等候。如确遇不可预测的偶发事件,耽误了时间,要如实向面试官说明原因并诚恳地表达歉意。

(二) 单独前往

有的求职者为了消除紧张情绪或者找人"参谋",在面试时会带上家人或者朋友一同前往。这种做法是非常不妥的,不仅会造成面试时的尴尬,也会给面试官留下缺乏自信心、独立性不强的印象,进而导致面试的失败。

(三) 礼貌对待面试接待人员

有些面试招聘方会安排一些接待人员负责求职者的接待服务,引导应试者进入面试室。求职者应该尊重他们的劳动,服从接待人员的安排,对于接待人员的服务,要及时给予积极的反应,礼貌地表示感谢。

(四) 关掉手机

在进入面试室前,应关掉手机,这是最基本的礼貌。因为面试是一个对话与沟通的场合,需要的是与外界隔绝的独立空间,不要让无谓的电话影响了面试的进行。即便是将手机调成静音也是不适宜的,因为面试室里是很安静的,手机的颤动也是很明显的,若在面试过程中听到这样的声音,也会分散大家的注意力,影响面试的正常进行。

(五) 入室敲门

在进入面试室前,不管房间的门是关的还是虚掩的,都应该先敲门,切不可贸然闯入。敲门时应该注意力度的大小和敲门的节奏,正确的敲门方法是用右手食指或中指指关节轻轻地敲三声,待对方允许后再轻声推门进入,然后将门关好,缓慢转身面对面试官。敲门节奏不能太快或太慢,大概间隔0.3~0.5秒,力度应适中,太大会给人粗鲁、没有教养的感觉。

(六) 莫先伸手

求职者进入面试室,行握手之礼,应是面试官先伸手,然后求职者单手相迎,右手热情相握。若拒绝或忽视面试官伸过来的手则是失礼行为。若面试官未主动伸手,切勿贸然伸手与对方握手。

(七) 请才入座

进入面试室后,求职者不要自己坐下,要等主考官请就座时再入座。入座时,应该首先表示感谢,并坐在主考官指定的椅子上。如果椅子不舒适或正好面对阳光,求职者可以向面试官提出来。

(八) 递物大方

面试时,求职者需带上个人简历、证件、介绍信或推荐信等相关的资料。在面试前一定将资料分类整理好,保证面试过程中不用翻找,就能迅速、准确取出所有资料,在资料的传递过程当中,应该双手正面朝上,面向对方递过去。

📖 礼仪小故事

某大型公司招聘新员工,来参加面试的人数众多。不少应聘者在面试后都未被录取,而其中一位先生在面试过程中没有说一句话,但主考的人事部经理就决定录用他了,大家都感到非常奇怪,经理解释道:"该先生的举止体态,已经交了一份最好的答卷。他进门后沉着地向大家举手打招呼,说明他有很好的修养;他选择坐在最前排的中间座位,表明他希望别人注意自己,善于进行自我推销,充满自信,有较强的优越感;他选择就座的地方人数最多,说明他善于与人沟通,有较强的团队精神和交往能力。这样的人才正是我们此次招聘所要寻找的。"

四、自我介绍礼仪

面试中的自我介绍是对个人基本情况、工作成绩与为人处事的一份精简总结。它是面试中必备环节,是求职者在求职过程中的首次正式亮相。好的自我介绍能够帮助面试者在面试官心中建立起良好印象。

(一)自我介绍的目的

面试中,求职者与招聘方双方见面寒暄之后,面试官提出的第一个问题几乎相同,那就是:"请简单地做一下自我介绍。"这是因为面试官通过自我介绍想考察被面试者以下几点。

(1)考察应聘者的表述是否与简历上的内容一致。如果简历中的内容比较真实,求职者在表达过程中一定不会有特别明显的出入,而如果简历中存在不真实的内容,在紧张的氛围下,自我介绍有可能出现纰漏。

(2)考察应聘者的语言表达能力。任何行业、任何岗位,语言表达能力都是求职者必备的基础条件,求职者的语言表达是否有逻辑、内容是否简练和精干,在一定程度上决定着求职者的沟通效率与效果。表达能力强、沟通效果好的求职者,工作表现和成绩也不会差。

(3)考察应聘者的现场把控能力。一个精简而又重点突出的自我介绍,能够充分表现出应聘者的现场感知能力,拥有这种良好个人素质的人会比较受面试官青睐。相反,如果在自我介绍时过于紧张、慌乱,结结巴巴,前言不搭后语,甚至出现低级错误,就可能会影响整个面试的结果。

(4)考察应聘者的理解能力。有时面试官会让求职者针对简历上的某一项内容进行介绍,有些应聘者可能因为紧张、注意力不集中或是思维混乱而表达不清晰,这样就会给面试官留下理解能力差的印象。所以,在面试官提问时,一定要注意听,理解好问题再回答。

(5)考察应聘者的时间掌控能力。有时候面试官的要求是:"请您用3~5分钟的时间做一下自我介绍。"这时候应聘者必须控制自我介绍时间,超过规定的时间会被认为是时间掌控能力差的表现。

(二)自我介绍的内容

(1) 我是谁。主要包括姓名、年龄、籍贯等个人基本信息;毕业院校、所学专业、学历、学位等教育背景;与应聘职位有关的个人特长。

(2) 我做过什么。主要指与应聘职位密切相关的实践经历,具体包括校内活动经历与校外实习、实践经历。要清楚地表达确切的时间、地点、所担任的职务及工作内容,这样会让面试官觉得真实、可信。

(3) 我想做什么。主要指对应聘职位、企业及行业的看法,具体包括职业生涯规划、对待工作的兴趣与热情、未来的工作蓝图等。

(4) 表达感谢。

(三)自我介绍的技巧

1. 彬彬有礼

在开始做介绍前,要先跟面试官打个招呼;介绍完毕后,要向面试官道谢。例如:"尊敬的面试官,下午好。感谢您给我这么好的机会,现在我向大家做个简单的自我介绍……我的介绍到此为止,感谢大家的聆听。"

2. 谦虚谨慎

自我介绍中,在表达自己的自信的同时也要谦虚,尽量避免对自己做过多的炫耀、夸奖,这样容易引起面试官的反感。语言表达力求真实、客观,尽量用真实的事例证明自己,不要用"很""最""第一"等极端的形容词描述自己。

3. 重点突出

自我介绍应简明扼要,重点突出自己和求职的岗位相吻合的优势。重点介绍自己会什么,能够为这个企业带来什么,与其他求职者相比有什么优势。因为求职者和岗位能够契合的相关能力和素质是企业最感兴趣、最想知道的内容,也是最能够吸引面试官的内容。

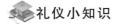礼仪小知识

面试自我介绍范文

尊敬的各位面试官:

你们好!

我叫××,今年××岁,是××大学××专业20××届应届毕业生,此次应聘的职位是工程管理。

四年的大学生活充实而紧张,我努力把自己培养成为一名社会所需要的人才。我个性上,比较诚实、乐观、热情,具有团队精神,踏实努力,责任心强。大学四年是我思想、知识结构生长、成熟的四年。在大学期间,我认真学习专业知识,期末总评成绩名列年级前茅;我努力提升自己的专业技能,注重把理论知识运用到实践中去,在校期间先后到××

单位、××单位进行了实习,实习期间得到了实习单位的一致好评,也积累了一定的工作经验。此外,我不断挑战自己,在校期间顺利通过英语四、六级考试,以及全国计算机二级考试。

正直和努力是我做人的原则,沉着和冷静是我遇事的态度,钻研和尽职是我从业的要求。回顾大学四年的学习生活,我感触很深、收获颇丰,我掌握了专业知识,培养了自己各方面的素质和能力。当然,我也存在一些不足之处,但我会正视缺点和不足,在今后的工作中不断地努力完善,使自己得到更大提高。

这次应聘我选择工程管理这个职位,首先是因为我喜欢这个职业,此外,我也十分欣赏贵公司的企业文化与管理氛围,我相信这份工作能让我充分实现我的社会理想和个人价值,我有能力、也有信心做好这份工作。

非常感谢给予我这次面试学习的机会。谢谢!

此致

敬礼

×××

××××年××月××日

礼仪小故事

在美国耶鲁大学的入学典礼上,校长每年都要向全体师生特别介绍一位新生。这一次隆重推出的,是一名自称会做苹果派的女同学。

耶鲁不乏多才多艺的人,怎么能推荐一名特长是做苹果派的人呢?最后校长自己揭开了谜底。原来,每年的新生都要填写自己的特长,而几乎所有的同学都选择诸如运动、音乐、绘画等,从来没有一个人会写"擅长做苹果派"。

这真是一个聪明的学生。如果当初她在自己的履历表上填上"擅长厨艺",结果会怎样?肯定不会像"做苹果派"这么打动人心。其实,那些填写运动、音乐、绘画的,可能也就是会打打羽毛球、吹吹口哨或者画几笔素描。但是,他们不敢那样写。非要用一个大而笼统的概念把自己的特长掩盖起来。而"苹果派"女孩的特长,则显示出一种天真可爱,同时也是一种自信。

五、沟通交流礼仪

(一) 谈话内容简洁

面试中,说话一定要简洁而准确,避免使用太多口头语和无意义的语气词。无论是面试者自己提问还是求职者回答面试官的问题,都要先在头脑中组织、简化语言,然后进行表达。

(二) 说话声音稳定

面试中,说话声音要稳定,避免出现声音的颤抖。声音颤抖既会影响双方交流的心情和顺畅程度,也会暴露面试者内心的紧张,给面试官留下不自信、胆怯的印象。声音颤抖往往是因为紧张造成的,在参加面试时,应先稳定心态,如果声音颤抖,可以尝试用深呼吸的方式进行缓解。

(三)态度积极

参加面试时,对于面试官的提问要做出积极的回应,不能摆出一副无所谓的表情,或者用"一般""还行"等词语回答面试官提出的问题。态度不积极既是对招聘方的不尊重,也会让面试官认为求职者对所应聘的单位和岗位没有诚意。

(四)细心聆听

面试中,要在面试官提问完毕后再回答问题。回答问题前,要准确理解面试官问题的内容以及深层含义。还没听清问题就回答,是性急和莽撞的表现,也是头脑简单、思考不到位的表现。

(五)打探薪水和福利要看时机

面试中,应聘者普遍关心的问题就是薪水和福利,但是询问薪水和福利应该注意方式。面试之初就主动打探薪水和福利,会给人唯利是图的感觉。所以,询问薪水和福利适合在面试基本内容结束以后,而且态度要礼貌,不要表现出过于急切的样子,方式上也不要过于直白,可以采用暗示性提问,比如:"我希望多了解些公司各方面的情况。"

(六)不可与面试官套近乎

面试中,与面试官套近乎不但不合礼仪,而且是对别人自尊和信誉的侵犯。如果在场还有很多其他的应聘者,这样的举动会让面试官十分尴尬。所以,不要向面试官做出巴结、谄媚的动作和表情,也不要以行贿、暗示、攀亲或借同姓、同乡等关系向面试官套近乎。

(七)切忌滔滔不绝

无论是回答提问、提出问题还是参与讨论,面试过程中,滔滔不绝不是口才好的表现,也不是令人欣赏的举动。滔滔不绝会让口才变成缺点甚至是败点。所以,在回答面试官的问题时要控制时间,点到为止;谈论自己时不要夸夸其谈;提出问题时不要不断重复。在面试中,适当的提问会给面试官留下很好的印象,但是如果提问太多或者是提问不适时,会给人留下故意刁难、不礼貌的印象。

(八)不要对应聘单位妄加评论

面试中,有的招聘方会提出类似问题:"你对我们单位感觉如何?"评论招聘单位时,态度应该诚恳而谦虚、谨慎。对于自己不了解的地方,不要妄加评论;对于自己难以判断的、有争议的地方,也不要随便发表意见。

礼仪小知识

求职面试常见问题解答

1. 谈谈你的家庭情况。

简单介绍家里的几口人，注意强调温馨和睦的家庭环境，突出每位家庭成员的良好状况和父母对自己教育的重视，强调家庭成员对自己工作的支持，以及自己对家庭的责任感。

2. 你觉得你最大的优点是什么？

回答提示：沉着冷静、条理清楚、立场坚定、顽强向上、乐于助人、关心他人、适应能力强、有幽默感等。或者说自己有在某某单位实习的经历，使自己更适合应聘的岗位。

3. 谈谈你的缺点。

可以说一些对于所应聘工作无关紧要的缺点，甚至一些表面看来是缺点，从工作角度却是优点的缺点。不能说自己没有缺点或把明显的优点说成缺点，不宜说出严重影响所应聘工作的或令人不放心、不舒服的缺点。

4. 介绍一下你的业余爱好。

不要说自己没有业余爱好，或者说自己有些庸俗、令人感觉不好的爱好，比如贪睡、贪吃。最好不要说自己仅限于读书、听音乐、上网，否则可能会令面试官怀疑你性格孤僻。最好能有一些户外的业余爱好来提升个人形象。

5. 你为什么要选择我们公司？

可以先从所学专业和具体岗位的契合度来谈，然后结合你自己对具体岗位的了解程度、兴趣、信心来谈，也可以从应聘单位需要方面来回答。可以这样回答："据我了解，公司所做的工作正是我希望参加的，并且这个工作的方式非常地吸引我。"如果公司在某些方面，例如管理、研发等能力很突出，可以提到这个事实，并表示希望成为其中一员。不宜从地理位置、薪资待遇等方面觉得公司合适，更糟糕的答案就是"因为我欣赏某某人"。

6. 你如何看待加班？

面试时面试官问这个问题，并不代表将来一定要加班，只是想测试你是否愿意为公司奉献。你可以回答："如果是工作需要，我会义不容辞地加班。我现在单身，没有任何家庭负担，可以全身心地投入工作。但同时我也会提高工作效率，减少不必要的加班。"

7. 你对薪资有何要求？

在回答这个问题的时候，既不能要求太低，那会贬低自己的能力，同时也不能要求太高，那会显得自视太高。可以这样回答："我对工资没有硬性要求，我相信公司在处理我的问题上会友善合理。我注重的是找对工作机会，所以，只要条件公平，我不会计较太多。"如果必须说出具体数目，最好能够给出一个合理的数字，这样表明自己已经对当今的人才市场做了调查，知道像自己这样学历的员工对招聘单位有多大的价值。

8. 作为相对缺乏经验的应届毕业生，你将如何胜任应聘岗位？

在回答这个问题时，你可以强调新人需要"学习""熟悉"这些过程的必然性，同时，要联系自己已有的相关经历证明自己的能力。可以这样回答："作为应届毕业生，在工作经验方面的确有所欠缺。因此,我在读书期间就一直利用各种机会在这个行业里做兼职。兼职过程中,我确实发现实际工作远比书本知识丰富、复杂,但我有较强的责任心、适应能力和学习能力,所以在兼职中均能圆满完成各项工作,并从中获取经验。请公司放心,这些工作经验一定能够让我胜任这个职位。"

9. 你还有问题要问吗?

这个问题看上去可有可无,其实很关键,它展示的是面试者的个性和创新能力。招聘方通常不喜欢说"没问题"的人,也不喜欢问个人工资、福利的人。可以问这样的问题:"我们单位对新入职的员工有哪些培训?我们单位的晋升机制如何?"这样的问题很受欢迎,既表明了求职者的学习热情与上进心,也体现了对招聘单位的忠诚度。

六、告别礼仪

面试接近尾声,巧妙的收尾能够巩固面试者和面试官们在短时间内通过沟通建立起的感情联系,并以画龙点睛之笔,让其在面试结束后自然地延续。

(一)简单总结

当面试官发出结束面试的信号后,面试者应用简单的话总结概括一下本人的情况,表达对应聘岗位的理解,充满热情地告诉面试官你对该工作很向往,并感谢招聘方以及面试官给自己的这次面试机会。

例如:"作为一名某某学校某某专业的大学毕业生,我认为自己具备了担任某职务的基本能力。同时,我也对招聘方的这个职位有着浓烈的兴趣,我希望自己能够有机会加入贵公司。这次面试中,各位面试官对我做出了中肯的评价,并帮助我对自己有了更清楚的认识。感谢贵公司给我提供的这次面试机会,也感谢各位抽出宝贵的时间对我进行面试。"

(二)主动告辞

要适时主动提出告辞。不知道是否该告辞时应该礼貌地询问:"请问我还需要做些什么?"以此试探。告别时,一些个性的语言可以有效地活跃面试的气氛,也可以给面试官留下更深刻的印象。

一位面试成功的面试者在回忆自己的面试时说,在与考官握手道别时,我告诉考官:"没进面试室前,我希望3分钟就能够结束面试,而现在我却希望有更多时间跟各位面试官交流,想请教的问题很多,希望以后能够有机会继续跟各位面试官请教。"在进入单位后,面试官告诉我,我在面试中最后的这段话给他们留下了深刻的印象。如果面试者性格内向、不善表达,也没必要强行说些什么,一句朴实的"谢谢"就足够,关键是把自己的特点和感受真实地表达出来。

（三）礼貌离开

走出招聘场所时，不要得意忘形或神情沮丧。离开面试场所时，应对引导的工作人员以及休息室的相关接待人员表示感谢，这既是对他们工作的尊重，也能显示出良好的个人素质。

第三节　求职面试的后续工作

面试结束后，很多面试者只会静静地等待面试结果。其实，在面试官还未做出最后的录用决策，发出试用通知或辞谢通知书前，面试工作并未真正结束。所以，应当以积极、真诚的态度开展面试的相关后续工作，用百分之百的努力争取哪怕只有百分之一的可能性。

一、写信表示感谢

当正式结束面试后，招聘方通常会综合衡量面试表现，从而决定谁最合适得到应聘岗位，这时候求职者的一封感谢信会让自己的面试成绩加分不少。所以，向用人单位致谢是首要和必需的。感谢信重要的是表达求职者的谢意，并重申对应聘岗位的兴趣。感谢信要言简意赅、重点突出，避免使用晦涩难懂的词语。感谢信最好在会面结束后24小时内发送，可以采用电子邮件或信件的方式发出。

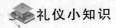 礼仪小知识

感谢信范文

尊敬的王先生：

　　您好！

　　我是来自××大学的×××，是参加今天下午面试的第一位面试者。非常感谢公司及您能够给予我这次宝贵的面试机会，能够跟您进行交谈我感到非常荣幸和开心，并且受益匪浅。

　　通过这次面试，我从您那里进一步了解了贵公司的基本情况，包括公司历史、经营理念以及企业文化等，更深入地理解了所应聘岗位的具体要求，这更加坚定了我想要加入贵公司的想法。我相信我的能力和经验，能够胜任此次应聘的岗位，也期盼能够有机会成为贵公司的一员，与您一起为公司的发展努力。

　　再一次感谢您，希望有机会与您再见面！期待您的回音！

　　此致

敬礼

×××
××××年××月××日

二、适时询问面试结果

面试结束后,应聘者应该先耐心等待,不要过早打听面试结果。一般情况下,招聘方需要几天的时间做出最终的决定。假如面试结束两周后或者超过面试官许诺的回复时间,仍未收到招聘方是否录用的通知,可以发电子邮件或者打电话询问面试结果。其中,打电话询问更为适宜,因为可以从对方的口气中打探自己此次应聘是否有希望。

电话询问时,应该注意以下几方面。

(1)称呼要准确,用语要有礼貌。虽然仅仅是通过电话询问面试的结果,但是称呼是否准确,用语是否礼貌,都会通过话筒真实地传递给对方,从而影响对方对自己的评价。

(2)内容要明确,通话时间要控制。电话询问应该简单明了,不要拐弯抹角,因为打电话可能会干扰别人的正常工作,所以时间最好不要超过3分钟。

(3)情绪要控制。得知面试结果后,不要因为成功而得意忘形,也不要因为失败而气急败坏,要心平气和地面对。即便面试不成功,也要对对方表达感谢,展现应有的风度。

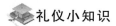礼仪小知识

电话询问面试结果参考模板

面试官,您好!我是一周前面试××岗位的候选人×××,不好意思耽误您一点时间,按照上次说的进度是昨天出面试结果的,但是我没有收到您的电话,因此想跟您做个确认。我很期待本次的面试的结果,因此,特别想咨询目前这个岗位的进度。

三、总结经验

面试成功与否固然重要,但是要学会从每一次面试中总结经验教训,对表现不足的环节进行改善,更加全面地做到"知己知彼",为下一次面试的成功打下良好的基础。

【即学即练】

★ **基本知识**

一、判断题

1.求职者要树立"先择业再就业"的观念,一定要挑选自己最理想的工作。(   )
2.简历中要重点突出个人能力、经验以及过去的工作成就。(   )
3.写求职信,如同策划一个广告,不要拘泥于固定模板。(   )
4.男生应该在面试前一天理发,因为这样看上去比较自然。(   )
5.求职者进入面试室,应主动跟面试官行握手之礼。(   )

二、选择题

1. (多选)下列各项属于简历的设计原则的是(　　)。
   A. 真实　　　　　　B. 简明　　　　　　C. 详细　　　　　　D. 突出
2. (多选)面试者的形象礼仪主要包括(　　)。
   A. 得体的服装　　　B. 适宜的发型　　　C. 适度的妆容　　　D. 得当的配饰
3. (单选)在面试当天提前(　　)分钟到达面试地点效果最佳。
   A. 5　　　　　　　B. 10～15　　　　　C. 20　　　　　　　D. 30
4. (多选)求职面试的后续工作主要包括(　　)。
   A. 静静等待面试结果　　　　　　　　　B. 写信表示感谢
   C. 适时询问面试结果　　　　　　　　　D. 总结经验
5. (单选)感谢信最好在面试结束后(　　)发送。
   A. 24小时内　　　B. 48小时内　　　C. 72小时内　　　D. 一周内

三、简答题

1. 求职面试前的心理准备包括哪些方面?
2. 面试官要求求职者做自我介绍的目的有哪些?
3. 自我介绍的内容主要包括哪些方面?

★ 案例分析

以下是关于面试的一段描述。

小徐:(推门进来,重重地关上门。坐在面试官对面,默不作声。)

面试官:你是徐栋吧?请问你是从哪个学校毕业?学的什么专业?

小徐:(不屑)您没看过我的简历吗?您问的这些问题简历上都写着呢。

面试官:看过。不过我还是想听你说说。请用1分钟叙述一下你的简单情况。

小徐:(不耐烦)我在大学学的是管理中文专业,实习时在一家公司负责文案工作。此外,我还报考了英语专业的自学考试,目前已经通过五门功课的考试。我对贵公司很感兴趣,觉得公司的工作环境很适合年轻人的发展。我希望贵公司能够给我一个机会,我一定会认真工作!

面试官:好吧,回去等通知吧!

小徐:(立刻起身走出去,又突然返回取走放在椅子旁的皮包。)

问题:
小徐能够等到用人单位的录用通知吗?为什么?

★ 技能实训

求职面试

一、实训内容

模拟求职面试。

二、实训情境

同学们马上面临毕业了,都在为找工作而努力。此时,有一家大型外资企业到学校招聘,每个人都跃跃欲试。你做了充分的准备,信心满满地来到该公司,面对众多的竞争对手,你该如何脱颖而出呢?

三、实训要求

(1) 仪容仪表符合求职者要求。

(2) 简历制作精美清晰。

(3) 回答问题、镇静、镇定、冷静。

(4) 其他求职面试的礼仪要求:微笑、敲门、问候、握手、站、坐、走、告辞等。

第十章 国际礼俗文化

【学习目标】

◎知识目标

- 掌握不同国家的商务礼仪规范。
- 掌握不同国家的餐饮礼仪规范。
- 充分了解不同国家的着装规则。
- 了解与我国有贸易关系的主要国家的商务礼俗和禁忌。

◎技能目标

参加国际商务活动时,穿着得体、表现适宜,能够与不同的国家的合作者顺利交际。

【本章知识结构图】

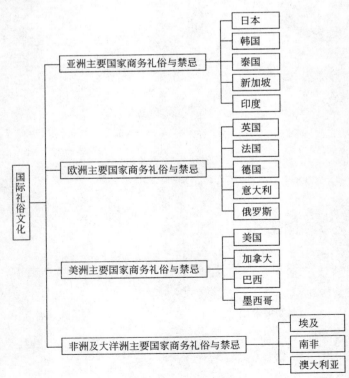

【案例情景】

20世纪60年代,美国总统约翰逊访问泰国。在受到泰国国王接见的时候,约翰逊竟毫无顾忌地跷起了二郎腿,脚尖正对着国王,而这种姿势,在泰国是带有侮辱性质的,因此引起泰国国王的不满。

更为糟糕的是,约翰逊在告别时竟然用得克萨斯州的礼节紧紧拥抱了王后。在泰国,除了泰国国王外,任何人都不得触碰王后,这使泰国举国哗然。约翰逊的举动产生了不小的轰动,也成了涉外交往中的典型笑话。

这是个很可笑,也很经典的案例,连总统都犯了这种国际交往中的错误,造成了两个国家的不愉快。在与其他国家的友人接触之前,一定要了解他们国家的风俗习惯等,以免造成不必要的麻烦。

【理论专栏】

俗话说,十里不同风,百里不同俗,更何况那些居住在不同国家、分属不同民族、持有不同宗教信仰的人们了。鉴于此,人们在参与国际商务交往的时候,就必须有这样一种意识,即不仅要遵守约定俗成的共同的礼仪与习俗规范,而且要尊重对方所在国家或地区所独有的礼仪和习俗。

第一节 亚洲主要国家商务礼俗与禁忌

一、日本

日本是位于东亚的岛屿国家,主体民族为大和族,通用日语,部分中老年人懂汉语,大部分商人会英语。日本主要宗教有佛教、神道教、基督教,有许多人兼信两种以上宗教。日本至今保存着以茶道、花道、书道等传统文化,有"经济大国""樱花之国""造船王国""贸易之国""钢铁王国"等美称。中国自改革开放以来,经济高速发展,进出口贸易、技术交流和相互投资日益繁盛,日本逐渐成为其中一个重要的贸易伙伴。

(一)商务礼俗

日本人非常重视礼仪。与日本商人打交道,要注意服饰、言谈、举止的风度。

1. 鞠躬

在日本,一切言语问候都伴随着鞠躬,鞠躬几乎可以代替任何言语问候。鞠躬弯腰的深浅不同,其含义也不同。弯腰最低且最礼貌的鞠躬称"最敬礼",微微一鞠躬称为"会释"。鞠躬的形式男女也有区别,男士双手垂下贴腿鞠躬,女士一只手压着另一只手放在身前鞠躬。

2. 笑

日本人一般比较含蓄,他们在谈笑时声音放得很低,不能容忍哄然大笑。日本人在谈话开始时就面带微笑,并将笑容保持很长一段时间。特别是在谈判桌上,很难猜透日本人的面部表情。

3. 坐

日本人对坐姿极为讲究,不管是坐在椅子上还是榻榻米上。晚辈不能在长辈面前跷二郎腿。当拜访日本公司时,宾主的会面通常是在会议室进行的。而且,客人一般会被先领到会议室,主人稍迟几分钟来到并走近每一位客人交换名片。作为礼貌,客人不能随随便便就坐到贵宾位上,应一直站着等主人进来让座。

4. 衣着

日本人在正式场合特别注重形象。如果出席日本人的宴席或其他活动,一定要穿着整齐;否则会被认为不受重视。在访问日本期间,要确保有一套整洁的服装在身边随时备用。

5. 问候

日本人初次会见客人时,总会先花几分钟时间询问一下客人在途中的情况,并询问一下他们以前见过的该客人的某位同事的情况。然后,他们会停顿片刻,希望客人们做出同样行动。接下来,日方高层会述说一下日方同客方公司之间的各种关系,此时,客人最好向日方转达本公司高层的问候。如果日方在询问时有意漏过某人,则暗示他们不喜欢此人。

6. 名片

对日本人来说,交换名片是人际交流最简洁而又不使双方感到尴尬的方式。在日本,社会等级非常森严,在使用名片时,要注意以下事项。

(1) 印名片时,最好一面印中文,一面印日文,且名片中的头衔要准确地反映自己在公司的地位。

(2) 在会见日本商人时,应按职位高低顺序交换名片。交换名片时,把印有字的一面朝上并伸直手,微微鞠躬后,各自把对方的名片接到右手上。

(3) 接到名片后,一定要研究一下它的内容。之后,要说"见到你很高兴"等话语,并复读其名,同时再鞠躬。记得在其名后加上"SAN"的发音。(日语"先生"的读音,男女均如此),请注意,在日本公司的一个部门里不会有两个头衔相同的人,不管他们职位何等接近,一定有细微差别。否则,会冒犯到职位高的人。

(4) 在同交换过名片的日本人再会面时,千万不能忘记对方名字。否则,日本人会认为受到了污辱。

7. 宴会

日本人吃饭,通常将各种菜肴一次端上来。吃的顺序是先喝汤,然后从各盘、碗中挑夹些菜。在就餐过程中,吃得很慢,总是用左手端汤、饭碗;用筷子另一头从公盘中夹菜;在结束前,不撤走空盘。而且,在开始吃饭时要说"我要吃饭了",吃完还要说"我吃饱了"。

8. 送礼

在日本,晋升、结婚、生孩子、生日、过节等都会赠送礼物,这种礼仪既是历史的遗风,又被赋予了时代新意。在日本,商业性送礼是件很花钱的事,他们在送礼上的慷慨大方有时令人惊讶。赠送礼物时,通常是在社交性活动场所,如在会谈后的餐桌上。最好说些"这不算什么"之类的话。另外,要注意日方人员的职位高低,礼物要按职位高低分成不同等级。

日本人不喜欢在礼品包装上系蝴蝶结,用红色的彩带包扎礼品象征身体健康。不要给日本人送有动物形象的礼品。

9. 点头

日本人在商务谈判中往往不明确表态,常给对方模棱两可、含糊不清的印象,甚至会产生误会。日商在倾听对方阐述意见时一直点头,但这并不表示他同意对方的主张和看法,而仅仅是表示他已经听见了对方的话。

(二)主要禁忌

日本人忌偶数,喜欢奇数(但9例外)。由于日语发音中"4"和"死"相似,"9"与"苦"相近,因此,忌讳用"4""9"等数字,还忌讳三人合影。

在颜色上,日本人爱好淡雅,忌紫色和绿色。在鲜花上,忌荷花图案,喜欢樱花,菊花是日本皇室专用的花卉,民间一般不赠送。向日本客商发信时,邮票不能倒贴,倒贴邮票表示绝交。装信也要注意,不要使收信人打开信后,看到自己的名字颠倒向下。

日本人办事显得慢条斯理,对自己的感情常加以掩饰,不易流露,不喜欢伤感的、对抗性的、针对性的言行和急躁的风格。所以,在与日本人打交道的过程中,没有耐性的人常常会闹得不欢而散。在交往中,日本人很忌讳别人打听工资收入。年轻的女性忌讳别人询问她的姓名、年龄以及是否结婚等。

日本不流行家宴,商业宴会也难得让女士参加,商界人士没有携带夫人出席宴会的习惯。宴会普遍是在大宾馆举行鸡尾酒会。以酒待客时,客人接受第一杯而不接受第二杯为失礼。日本人没有相互敬烟的习惯,若自己想吸烟时,须征得他人的同意。

📖 礼仪小知识

(1)日本料理以鱼、虾、贝等海鲜品为烹饪主料,并有冷、热、生、熟各种食用方法。

(2)日本人讲究食品营养学,讲究菜点的色泽和形状,口味多为咸鲜,清淡少油,稍带甜酸和辣味。

(3)日本人爱吃鱼以及各种海味、瘦猪肉、牛肉、鸡、鸭、鸡蛋和各种野生禽类及蔬菜、豆腐、紫菜,但不吃羊肉、猪内脏及肥猪肉。

(4)日本人很喜欢茶道,餐前餐后都喜欢喝茶,特别喜欢喝清茶。

二、韩国

韩国位于亚洲东北部的朝鲜半岛的南部,主体民族为韩民族,官方语言是韩语,首都为首尔。韩国50%左右的人口信奉基督教、佛教等宗教。

（一）商务礼俗

在商务交往中，韩国商人很重视贸易对象给自己留下的印象。举行商务谈判时要尊重他们的生活方式，这将会得到对方的好感。

韩国人在社交场合与客人见面时，习惯以鞠躬并握手为礼。握手时，或双手，或用右手，但女士一般不与男士握手，只是鞠躬致意。见面时有的人习惯说一句话就施礼一次，往往在分手之前要敬礼5~6次，以示亲切。无论在什么场合，韩国人都不大声说笑，女士笑时用手遮掩住嘴。进门时男士走在前面，女士帮着男士脱大衣。

韩国人对日常的礼节相当重视，当几个人在一起，要根据身份和年龄排定座次。身份、地位、年龄都高的人排在上座，其他的人就在低一层的地方斜着坐下。男女同坐的时候，一定是男士在上座，女士在下座。

在社会交往、日常生活中，韩国人对长辈非常敬重，不敢怠慢，对待长者，有必须严守的规矩。例如，在与长辈握手时，要再以左手轻置于其右手之上，以示尊重；跟长辈同坐的时候，应保持一定的姿势，绝不敢掉以轻心；若要抽烟，一定要先得到长辈的允许；用餐时，切不可比年长者先动筷子。

按照韩国的商务礼俗，宜穿着保守式样的西装。商务活动、拜访必须预先约定。与韩商相处时要避谈政治话题，多说其文化艺术的优秀、可敬之处。在赠送韩国人礼品时应注意，韩国男性多喜欢名牌纺织品、领带、打火机、电动剃须刀等；女性喜欢化妆品、提包、手套、围巾类物品和厨房里用的调料。

韩国人用餐时不可边吃边谈话，更不能发出声音，对这一餐桌的礼节如不遵守，极可能引起他们的反感，从而影响谈判的结果。在饮食方面，韩国人口味偏清淡，不喜油腻，但特别喜欢吃辣味菜肴，如图10-1所示为韩国的饮食。

图10-1　韩国的饮食

（二）主要禁忌

韩国人忌讳的数字是"4"。"4"在韩语中的发音与"死"字完全相同，是不吉利的数字。韩国楼房没有四号、四层，宴会中没有第四桌，也不吃四盘四碗。喝酒绝不肯喝四杯。韩国人用双手接礼物，但不会当着客人的面打开。不宜送外国香烟给韩国友人，酒是送韩国男士最好的礼品，但不能送酒给女士，除非言明酒是送给她丈夫的。

🎁 礼仪小知识

韩国饭馆内部的结构分为两种：使用椅子和脱鞋上炕。在炕上吃饭时，男人盘腿而坐，女人右膝支立——这种坐法只限于穿韩服时使用。现在的韩国女性平时不穿韩服，所以只要把双腿收拢在一起坐下就可以了。

韩国人吃饭时，右手一定要先拿起勺子，从泡菜汤中盛上一口汤喝完，再用勺子吃一口米饭,然后再喝一口汤、再吃一口饭后,便可以随意地吃其他东西了。勺子在韩国人的饮食生活中比筷子更重要,它负责盛汤、捞汤里的菜、装饭,不用时要架在饭碗或其他食器上。而筷子只负责夹菜。即使汤碗中的豆芽菜用勺子捞不上来,也不能用筷子。这首先是食礼的问题,其次是汤水有可能顺着筷子流到桌子上。筷子在不夹菜时,传统的韩国式做法是放在右手方向的桌子上,两根筷子要拢齐,三分之二在桌上,三分之一在桌外,这是为了便于拿起来继续使用。

三、泰国

泰国位于亚洲的东南部,官方语言为泰语。泰国常被称为"大象之国""微笑之国""佛教之国"。泰国中有华人血统的泰国人超过两千万,约为该国总人口的三分之一。95%的居民信仰佛教,佛教为泰国的国教。

(一)商务礼俗

1. 见面礼仪

除了在较为西方化的社会团体中,泰国人见面时通常不以握手为礼。泰国人在与客人见面时,通常施合十礼,即将手合十于胸前,头稍稍低下,互相问候"萨瓦迪卡"(你好),如图10-2所示。还礼时,也须双手合十,放至额到胸之间。地位较低或年纪较轻的人,应该主动向地位高和年纪大的人致合十礼。地位高、年纪大的人还礼时,手不应高过前胸。双手举得越高,表示尊敬的程度越深。在特殊情况下,如平民拜见国王的时候要施跪拜礼;儿子出家当和尚父母也施跪拜礼。

图10-2 泰国见面礼仪

2. 颜色礼仪

泰国人喜爱红色和黄色。广告、包装、商标、服饰都使用鲜明颜色,并习惯用颜色表示不同日期。星期日为红色,星期一为黄色,星期二为粉红色,星期三为绿色,星期四为橙色,星期五为淡蓝色,星期六为紫色。群众常按不同日期,穿着不同色彩的服装。泰国的国旗由红、白、蓝三色构成。红色代表民族和象征各族人民的力量与献身精神;白色代表宗教,象征宗教的纯洁。泰国是君主立宪制国家,国王是至高无上的,蓝色代表王室。蓝色居中象征王室在各族人民和纯洁的宗教之中。

3. 着装礼仪

泰国是一个很注重着装礼仪的国家,在正式的商务会谈里都会穿正式的西装、衬衣、皮鞋,即使不是一整套正式的西装,也会穿着有领子、袖子的商务衬衫和非牛仔裤的长裤,正式的着装能增加业务的专业感。女性最好能带妆面谈,因为在泰国,化妆也是一种礼仪,同时穿着也要大方得体,最好不要穿无袖的衣服和低于膝盖的裙子。

4. 其他礼仪

拜访大公司或政府办公厅须先预约,准时赴约是一种礼貌。最好持有用英文、泰文和中文对照的名片。

泰国是"微笑之国",他们对外国人特别和蔼可亲。在泰国,众目睽睽之下与人争执、咄咄逼人的表现会被认为是最可耻的行为。此外,泰国人很爱面子,十分重视别人对自己外观的看法,如能让对方获得心理上的满足,便可以使洽谈在十分融洽的气氛中进行。

(二)主要禁忌

(1) 泰国人认为门槛下住着神灵,千万不要踩踏泰国人房子的门槛,用脚踢门会受到当地人的唾弃。

(2) 泰国人忌讳使用左手,视其为不洁净的,所以交换名片、接受物品时,都必须使用右手。

(3) 在泰国进行商务活动,必须尊重当地的教规。如果对泰国的寺庙、佛像、和尚等做出轻视的行为,就被视为是有罪的,拍摄佛像尤其要小心,如果依偎在佛像旁或骑在佛像上面,就会惹出轩然大波。

(4) 泰国人非常重视人的头部,他们认为头是神圣不可侵犯的,因此,千万不要轻易抚摸别人的头部,即使是喜爱的小朋友,也绝不可以用手去摸他们的头,否则将被视为是对此小孩所带的神的不尊重。如长辈在坐着,晚辈必须坐在地上,或者蹲跪,以免高于长辈的头部,否则就是极大的不尊敬。人坐着的时候,忌讳他人拿着东西从头顶经过。

(5) 在泰国人面前盘腿而坐是不礼貌的。坐下时,把鞋底露出来也被认为是极不友好的。更不能用脚给别人指东西,这是泰国人最忌讳的动作。

四、新加坡

新加坡土地面积较小,由新加坡岛及其附近的小岛屿组成,风景秀丽,以"花园城市"享誉世界。新加坡人口中有很大一部分是华裔新加坡人,其他为马来血统的人和印度血统的人等。华裔新加坡人信奉佛教,印度血统的人多信奉印度教,马来与巴基斯坦血统的人多信奉伊斯兰教,也有一些人信奉天主教和基督教。

(一)商务礼俗

1. 见面礼仪

新加坡人见面、告别都行握手礼,华裔老人中还有相互作揖的习惯,马来人行摸手礼,而印度人行合十礼。不论什么民族,都可以先生、小姐、太太相称。商务交往中名片必不可少,大多数新加坡人用双手递交名片,外来者应注意这一礼节,也用双手递交或接受名片。接到名片后应放在桌子前方或放入前面的口袋,不要在名片上写字或放入后面的口袋。另外,新加坡政府规定,官员不使用名片。

2. 衣着服饰

新加坡气候湿热,当地人着装比较随意。在社交场合或商务活动中,男士可穿短袖衬衫、打领带、穿长裤、皮鞋,而会见政府官员时宜穿西装。女士身穿浅色长袖衬衫,一般遮住上臂,可穿裙子或长裤。

3. 餐饮习惯

新加坡华人的饮食与我国基本相同,菜肴以闽粤风味为主;印度血统者忌食牛肉,忌用左手进食;穆斯林忌食猪肉,不吸烟、不喝酒。

4. 送礼习俗

新加坡严格的反腐败法禁止赠送任何可能被视为行贿的东西,不过允许赠送公司纪念品。通常在建立私人关系后才赠送礼物,如到新加坡人家里做客,宜带上鲜花、巧克力等礼物,也可以送包装精美的家庭工艺品。

5. 商务提醒

新家坡高层管理人员经常出差,若要与他们会谈,应事先预约。在新加坡从事谈判需要良好的耐心,发脾气或在公众场合咒骂他人会引起反感。新加坡人通常认为,私人关系和商务关系同样重要。在谈判时,新加坡人很直爽,但有时因避免直接说"不"而采取婉转的说法,要注意他们谈话中的一些暗示。

新加坡商人谦恭、诚实、文明和礼貌,他们在谈判桌上的表现有三大特点:一是谨慎,不做没有把握的生意;二是守信用,只要签订合同,便会认真履约;三是看重"面子",特别是与老一代人的交往中,"面子"往往具有决定性的作用。

(二)主要禁忌

(1)在新加坡,商务交往中常相互宴请,应邀赴约要准时,迟到会给人留下极坏的印象。如不能及时到达,必须预先通知对方,以表示尊重。新加坡官员不接受社交性宴请,因此与他们打交道时要慎重。

(2)在社交场合或商谈时,忌跷二郎腿,尤其忌讳将鞋底朝向他人;忌谈个人性格、当地政治和种族关系等问题。到清真寺参观,到新加坡人家里作客时,忌穿鞋进入。

(3)新加坡人视黑色、紫色为不吉利,黑、白、黄为禁忌色。在新加坡,禁止使用宗教词语和象征性标志。

五、印度

印度位于南亚次大陆,是世界第二人口大国,人口总数仅次于我国。印度东北与我国接壤。随着我国改革开放的深入和对外经贸活动的增加,中印两国的经贸往来在不断加强。

(一)商务礼俗

1. 见面礼仪

印度人相互见面的礼节,有合掌、举手示意、拥抱、摸脚、吻脚。一般两手空着时,口念敬语"纳马斯堆",同时施合掌礼。合掌之高低,对尊者宜高,两手至少要与前额相平;对晚辈宜低,可齐于胸口;对平辈宜平,双手位于胸口和下颌之间。若一手持物,则口念

"纳马斯堆",同时要举右手施礼。对于长辈,或对某人表示恳求时,则施摸脚礼(即用手摸长者的脚,然后再用手摸一下自己的头,以示自己的头与长者的脚相接触)。摸脚跟和吻脚礼是印度的最高礼节。而今,在社交场合上的印度男人们,也开始运用握手礼节了,但印度妇女除在重大外交场合外,一般与不与男人握手。

2. 赴约礼仪

印度人时间观念强,约会时准时赴约。印度人喜欢谈论他们文化方面的成就、印度的传统以及外国人的生活。到印度人家中做客,可以带些糖果、水果或给小孩的小礼物,赠送中国的红茶会令他们很高兴。在印度,迎送贵宾时主人会献花环,套在客人颈上的花环越大说明客人的身份越尊贵。

3. 着装礼仪

印度男子大多喜欢穿无领或圆领的长衫和陶迪(围裤)、包头巾等。妇女的服饰较鲜艳,主要由裙子、紧身上衣和沙丽组成。此外,印度女子都喜欢戴诸如项链、耳环、手镯、脚镯、脚铃等饰品。

4. 饮食习惯

印度人的饮食以清谈为主,吃饭大多使用盘子,递接食物要用右手。在印度的孟买,有60%的人是素食主义者。红茶是印度人特别喜欢的饮料。印度人请客吃饭时,他们认为钱多的人或受尊敬的人应该付钱。

5. 商务提醒

在印度初次访问公司商号或政府机关,宜穿西服,并事先订约。印度商人善于交际,喜欢方便,喜欢凭样交易。洽谈中应多出示样品,多介绍经济实惠的品种。谈判时,切忌在印度人面前谈论印度的赤贫、庞大的军费及外援话题。印度各地有不同假日,各港口也有单独假日,届时绝不进行交易,因此,访问印度,务必先了解好对方的假期。

(二) 主要禁忌

黑色、白色和灰色被印度人认为是消极的颜色,非常不受欢迎。印度人不喜欢数字"1""3""7",认为这三个数字不吉利。最值得注意的是,接递食品或物品时,一定不能用左手。见到印度小孩时,切忌抚摸小孩的头,在印度摸小孩的头,对方一定会生气。并且不要赞扬孩子,许多印度人认为这种赞扬会引起恶人的注意。

到印度经商时,身上不要穿以牛皮制造的东西,如皮鞋、皮带、皮包等制品,否则会被认为犯了禁忌。因为印度教信徒视牛为圣物,牛不可宰杀。印度教徒不吃牛肉,穆斯林不吃猪肉,恪守教义的穆斯林滴酒不沾。另外,不能穿鞋进入寺庙。

礼仪小知识

手抓饭是印度人长久以来的就餐习俗,吃饭前他们会先洗净手,然后就餐。如果去印度人家里做客,一定要尝试手抓饭的乐趣。也正因为这一习惯,使得印度大部分菜都被做成糊状,这样才便于用手抓饼卷着吃,或是抓米饭拌着吃,如图10-3所示。印度人吃饭还有一个规矩,无论大人还是孩子,一定要用右手吃饭,给别人递食物、餐具,更得用右手。这是因为人们认为右手干净,左手脏。这又与印度人的另一个习惯有关,印度人如厕以后,不用厕纸擦,而是用水冲洗,冲洗时,用左手,不用右手。

图 10-3　印度手抓饭

第二节　欧洲主要国家商务礼俗与禁忌

一、英国

大不列颠及北爱尔兰联合王国简称"英国",其国花是玫瑰,国民多信奉基督教新教。英国的经济发展较早,在大部分外国人的眼里,英国人常被认为"自命清高""难以接近",但事实上却并非如此。英国人善于互相理解,能体谅别人。无论办什么事情,总是尽可能不留坏印象,绅士风度处处可见。他们懂得如何营造一个协调的环境,让大家和谐而愉快地生活。

(一) 商务礼俗

1. 见面礼仪

在英国,彼此第一次见面时,一般都以握手为礼,不像东欧人那样常常拥抱。随便拍打客人被认为是非礼的行为,即使在公务完结之后也是如此。

2. 着装礼仪

英国人注意服装,穿着因时而异,他们往往以貌取人,仪容尤需注意。英国人讲究穿戴,只要一出家门,就得衣冠楚楚。按英国商务礼俗,宜穿三件套式西装,打传统保守式的领带,但是勿打条纹领带,因为英国人会联想到那是旧军团或老学校的制服领带。

3. 餐饮礼仪

在英国,不流行邀对方在午餐中谈生意。一般说来,他们的午餐比较简单,而对晚餐比较重视,视为正餐。因此重大的宴请活动,多安排在晚餐时进行。英国商人一般不喜欢邀请客人到家中饮宴,聚会多在酒店、饭店进行。英国人的饮宴以俭朴为主,他们讨厌浪费的人。

在正式的宴会上,一般不准吸烟,进餐吸烟,会被视为失礼。在英国,邀请对方共进午餐、晚餐,到酒吧喝酒或观看戏剧、芭蕾舞等,会被当作赠送的礼物。主人提供的饮品,客人饮量以不超过3杯为宜。如果感到喝够了,可以将空杯迅速地转动一下,然后交给主人,这表示"喝够了,多谢!"的意思。

4."女士优先"礼仪

英国人对妇女是比较尊重的。在英国,"女士优先"是人们共同遵守的礼仪,例如,走路要让女士先走;乘电梯要让女士先进;乘公共汽车、电车要让女士先上;斟酒要给女宾或女主人先斟;在街头行走时,男的应走外侧,发生危险时,应保护妇女免受伤害;丈夫通常要与妻子一起参加各种社交活动,而且总是习惯先将妻子介绍给贵宾认识。

5.商务提醒

英国人待人彬彬有礼,讲话十分客气,"谢谢""请"不离口。商务交往中,英国人重交情,不刻意追求物质。在英国经商,必须守信用,答应过的事情,必须全力以赴,一丝不苟地完成。

英国人办事认真,对新鲜事物持谨慎态度,具有独特的、冷静的幽默。他们保守,感情不轻易外露,即便有很伤心的事,也常常不表现出来。他们很少发脾气,能忍耐,不愿意与别人作无谓的争论。

(二)主要禁忌

英国人忌谈个人私事、家事、婚丧、年龄、职业、收入、宗教问题。由于宗教的原因,他们非常忌讳"13"这个数字,认为这是个不吉祥的数字,用餐时,不准13个人同桌。不能手背朝外,做出"V"形手势,这是蔑视别人的一种敌意做法。

二、法国

法国,位于欧洲西部,90%的居民信奉天主教,法语为官方语言。首都巴黎,是世界著名的花都。法国是世界贸易大国之一,素有"奶酪之国""葡萄之国"的美称。国鸟为高卢鸡、云雀,国花是香根鸢尾。

(一)商务礼俗

1.见面礼仪

法国人天性浪漫好动,喜欢交际。在商务交往中,常用的见面礼是握手,而在社交场合,亲吻礼和吻手礼则比较流行。法国人使用的亲吻礼,主要是相互之间亲面颊或贴面颊。吻手礼主要用于社交场合,只限于妇女。

2.着装礼仪

法国人对于衣饰的讲究世界闻名,"巴黎式样"在世人眼中则为时尚、流行的代名词。在正式场合,法国人通常要穿西装、套裙或连衣裙,颜色多为深蓝色、深灰色或黑色,质地则多为纯毛。出席庆典仪式时,一般要穿礼服。男士所穿的多为配以蝴蝶结的燕尾服,或是黑色西装套装;女士所穿的则多为连衣裙式的单色大礼服或小礼服。法国人在选择发型、手袋、帽子、鞋子、手表、眼镜时,都十分强调使其与自己的着装相协调。

3. 饮食习俗

法国的饮食习俗独具一格,作为举世皆知的世界三大烹饪王国之一,法国人十分讲究饮食。法国人爱吃面食,面包的种类很多,且爱吃奶酪。在肉食方面,他们爱吃牛肉、猪肉、鸡肉、鱼子酱、鹅肝,不吃肥肉、宠物、动物内脏、无鳞鱼和带刺骨的鱼。

法国人特别善饮,几乎餐餐必喝,所谓"一顿饭没有酒就等于一天没有太阳",讲究在餐桌上以不同品种的酒水搭配不同的菜肴。在日常生活中,"喝一杯酒"已成为一种礼仪,拒绝对方的邀请被认为是一种失礼的行为。除酒水之外,法国人平时还爱喝生水和咖啡。

4. 浪漫的生活礼节

法国人喜爱花,生活中离不开花,不同的花表示不同的语言含义。法国人探亲访友、应约赴会时,总要带上一束美丽的鲜花,人们在拜访或参加晚宴的前夕,也总是送鲜花给主人。

5. 法国人的商务礼仪常识

在商务活动中,法国商人特别注重"面子",在与之交往时,如有政府官员参与,会使他们感到颇有"面子",有利于促进商务活动的进行。在商务谈判中,法国商人对双方提交的各方面材料十分重视。他们通常对对方要求较高,而对自己却极少"求全责备"。合同在法国客商眼里极富有"弹性",他们经常会在合同签订后,还一再要求修改。

(二)主要禁忌

法国人忌讳的数字是"13",不喜欢"星期五"。他们不住13号房间,不在13号这天外出旅行,不坐13号座位,更不准13个人共进晚餐。

法国人不喜欢菊花、牡丹花、纸花及其他黄色的花,忌黄色、墨绿色,喜爱蓝色、白色和红色,也忌讳别人讲蹩脚的法语,认为这是对其祖国语言的亵渎。

在法国,男士向女士赠送香水,有过分亲热和"不轨企图"之嫌。此外,也不要送刀、剑、餐具之类的礼物,因为这意味着双方会割断关系。送花通常要送单数,但不要送不吉利的"13"朵。法国本土出产的物品,如香槟酒、白兰地、香水、糖果等,是很好的礼品。在法国,一些有艺术性和美感的礼品,如唱片、画册、传记、历史评论及名人回忆录等书籍会很受欢迎。除非关系比较融洽,法国人一般不互相送礼。

法国人用餐时,两手允许放在餐桌上,但却不许将两肘支在桌子上,在放下刀叉时,习惯于将其一半放在碟子上,另一半放在餐桌上。

三、德国

德国位于欧洲的中部,官方语言是德语,主要宗教是基督教和天主教。德国有"经济巨人""啤酒之国""香肠之国""运河之国"等美称。德国是世界四大食品出口国之一,其中酒远销140多个国家。世界上喝酒最多的是欧洲人,而在欧洲人中又以德国人为最。

（一）商务礼俗

1. 见面礼仪

德国人对礼节非常重视，握手要用右手，握手时间宜稍长一些，晃动次数应该稍多一些，握手时所用的力量稍大一些。如果对方身份高，须得他先伸手，再伸手相握。德国人常为客人穿、脱外套，可以接受后再说声"谢谢"，有机会，也可以替对方或其他人穿脱外套。正式场合，仍有男子对女子行吻手礼，但多做个吻手的样子，不必非要吻到手背上。见面应带上英、德文对照名片。

2. 着装礼仪

德国人在正式场合露面时，必须穿戴整齐，衣着一般多为深色。在商务交往中，他们讲究男士穿三件套西装，女士穿裙式服装。德国人对发型较为重视，男士不宜剃光头，免得被人当作"新纳粹"分子。

3. 餐饮礼仪

德国人在用餐时，有以下几条特殊的规矩。其一，吃鱼用的刀叉不得用来吃肉或奶酪。其二，若同时饮用啤酒与葡萄酒，宜先饮啤酒，后饮葡萄酒，否则被视为有损健康。其三，食盘中不宜堆积过多的食物，德国人视浪费为罪恶。其四，不得用餐巾扇风。

德国人的口味较重，偏油，主食以肉类为主。最重视的是晚餐，主食大抵为炖的或煮的肉类，其肉食品以羊肉、猪肉、鸡、鸭为主，大多数人不爱吃鱼，只有北部沿海地区少数居民才吃鱼。他们还爱吃马铃薯、沙拉等。

4. 赴约礼俗

到德国人家中做客，通常宜带鲜花，鲜花是送女主人的最好礼物，但必须要单数，5朵或7朵即可。在接受款待之后的几天内应送去表示感谢的短束。向德国人赠送礼品时，送高质量的物品，即使礼物很小，对方也会喜欢，烈性威士忌比低度威士忌更受欢迎。

德国人对礼品的包装纸很讲究，但忌用白色、黑色或咖啡色的包装纸包装礼品，更不要使用丝带作外包装。此外，在德国送上一束包好的花是不礼貌的。

5. 其他商务礼俗

交谈时尽量说德语，或携同译员同往。商人多半会说一些英语，但使用德语会令对方高兴。

德国人每周有五个工作日，通常早晨9点至下午5点工作，中间有1小时午餐时间，上午10点前、下午4点后，不宜约会。8月是多数工业、企业的夏季休息时间。

（二）主要禁忌

（1）忌讳"13"和"星期五"。认为"13"是厄运的数字，如"13"与"星期五"在同一日，就更为不吉利，恐怕那就要大难临头了。忌讳茶色、黑色、红色、深蓝色等颜色。忌向女士送玫瑰花、香水之类的物品。以刀、剪或餐刀等西餐餐具送人，有断交之嫌，也是德国人所忌讳的。

（2）认为核桃是不吉祥之物。他们忌讳蔷薇、菊花，认为这些花是为悼念亡者所用的，不能随意作为礼品送人。

（3）忌讳他人过问自己的年龄、工资、信仰、婚姻状况等问题，认为这都是个人的私事，无须他人过问干涉。德意志人不喜欢听恭维话，认为过分的恭维实际上是对人的看不起，甚至是对人的污辱。

（4）忌讳在公共场合窃窃私语(夫妻和恋人间除外)。因为这容易引起他人的疑心。忌讳目光盯视他人，认为这有不轨之嫌。他们忌讳交叉式的谈话。认为这是不礼貌的。他们忌讳四人交叉握手。认为这是不礼貌的作法。

（5）不喜欢过于肥浓的菜肴，不爱吃辣，不太爱吃鱼虾。应邀到德国人家中做客，千万别带葡萄酒去，因为此举会显示自己认为主人选酒品位不够好。餐后，喝完咖啡如果桌上没有烟灰缸，便不要吸烟。

礼仪小故事

国内某家专门接待外国游客的旅行社，有一次，在准备接待来中国西藏旅游的德国游客时，为了表示友好，决定每人送一件小礼品。于是，该旅行社订购了一批藏刀，因为藏刀能够代表西藏，具有纪念意义。为表示盛情，接待人员还特意用咖啡色包装纸包装藏刀，并用丝带扎好。旅游接待人员带着精致包装的藏刀到机场迎接来自德国的游客，欢迎辞热情、得体。在车上，他代表旅行社把包装好的藏刀作为礼品赠送给每位游客时，没想到车上一片哗然，议论纷纷，游客显出很不高兴的样子。原来，在德国，送刀就意味着切断了朋友之间的友谊。

四、意大利

意大利位于欧洲南部，是欧洲民族及文化的摇篮。意大利是一个高度发达的资本主义国家，是欧洲四大经济体之一。意大利的官方语言为意大利语，大部分意大利人信奉天主教。

（一）商务礼俗

1. 见面礼仪

意大利人在社交场合与宾客见面时常施握手礼，亲朋好友久别后重逢会热情拥抱，平时熟人在路上遇见，则招手致意。意大利的格瑟兹诺人，遇见朋友总习惯把帽拉低，以此表示对朋友尊敬。意大利人对初次见面的人，往往表现得很客气。因此，初次的面谈中，他们的回复都比较模棱两可，见过几次面以后，彼此间消除了隔阂，生意的洽谈就顺利多了。

2. 着装礼仪

意大利人在正式社交场合一般是着西装，喜欢穿三件式西装，尤其是参加一些重大的活动，十分注意着装整齐。他们平时也极爱打扮自己，在服饰上喜欢标新立异。在一些节庆活动中，常举行规模盛大的化装游行，从小孩到老年人都穿各式各样的奇装异服。在婚礼上，新娘喜欢穿黄色的结婚礼服。

3. 饮食习惯

意大利人习惯吃西餐，以法式大菜为主，一般对晚餐比较重视，进餐时喜欢喝酸牛奶。他们对中国的饭菜极为欣赏，很多人都喜欢吃中国的美味佳肴。

意大利不论男女都嗜酒，并非常讲究，常饮的品种有啤酒、白兰地等，特别爱喝葡萄酒。在正式宴会上，每上一道菜便有一种不同的酒相搭配。一般饭前要喝开胃酒，吃鱼时喝白葡萄酒，吃肉时喝红葡萄酒，饭后喝少量的烈性酒，并喜欢酒中加些冰块。他们用餐时间较长，能长达两三个小时。用餐时通常不用刀叉，而用手抓食。他们爱吃辣椒，菜肴越辣越好。

4. 赴约礼俗

意大利人的守时和集体观念相对差一点，约会总习惯迟到，汽车、火车甚至飞机都可能晚点，宴会迟到 20 分钟左右是十分正常的事情。

5. 手势礼俗

意大利人习惯用手语表达意思，常用的手势有：用大拇指和食指圈成"O"形，其余三指竖起，意表"好""行"或"一切顺利"；竖起食指来回摆动，意表"不""不是""不行"；一边伸出手掌，再加上撇撇嘴，意表"不清楚"和"无可奉告"；用食指顶住脸颊来回转动，表示"好吃"；五指并拢，手心向下，在胃部来回转动，表示"饥饿"；五指并拢，用食指侧面碰击额头，意表骂别人"笨蛋""傻瓜"。

6. 交谈礼俗

意大利人说话时喜欢靠得近些，双方的间隔一般在 30～40 厘米，有时几乎靠在一起。他们不喜欢在交谈时别人盯视他们，认为这种目光是不礼貌的。交谈时喜欢的话题有英式足球、家庭事务、商业和地方新闻。

（二）主要禁忌

（1）意大利人十分忌讳"13""17"和"星期五"，尤其是就餐时，不准有 13 个人同桌。忌讳菊花，因为菊花是用于葬礼上的花，故人们把它视为"丧花""妖花"。他们忌以手帕为礼送人，认为手帕是擦泪水用的，是一种令人悲伤的东西。交谈应避免的话题是美式足球和政治，以及美国的橄榄球。

（2）吃著名的意大利通心粉的时候，右手拿叉子，左手拿汤勺，不要发出较大的声音，千万不要用餐刀把通心粉割成小段食用，也不要用匙把粉送入口中，最合理的方法是用叉子把通心粉卷成团再吃。碟子里的调味品也要全部吃完，不能留下。

（3）除米兰外，大多地方的人不招待客人吃午、晚饭。不经过 3～4 次见面，对方不愿意介绍家人与客人见面，也不应主动邀其太太见面。

礼仪小知识

在意大利进餐时，意大利人的习惯是男女分开就座。进餐顺序一般是先上冷盘，接着是第一道，有面食、汤、米饭或其他主食，第二道有鱼、肉等，然后是甜食或水果、冰淇淋等，最后是咖啡。用餐时要注意礼节，不要一次要的太多吃不下。在用餐过程中，不要把刀叉弄得叮当作响，在吃面条时，用叉子将面条卷起来送入嘴中，不可用嘴吸，尤其是在用汤时,不要发出响声。每道菜用完后,要把刀叉并排放在盘里,表示这道菜已用完,即使有剩的,服务员也会撤走盘子。

五、俄罗斯

俄罗斯疆域辽阔,人口众多,资源十分丰富。俄罗斯的国教是东正教,每年要过圣诞节、洗礼节和俄历年等节日。

(一)商务礼俗

1. 见面礼仪

俄罗斯人在社交场合与客人见面时,一般施握手礼,拥抱礼也是他们常施的一种礼节。他们还有施吻礼的习惯,但对不同人员,在不同场合,所施的吻礼也有一定的区别:朋友之间,或长辈对晚辈之间,以吻面颊者为多,不过长辈对晚辈以吻额为更亲切和慈爱;男子对特别尊敬的已婚女子,一般多施吻手礼,以示谦恭和崇敬之意。吻唇礼一般只是在夫妇或情侣间流行。

在迎接贵宾时,俄罗斯人通常会向对方献上面包和盐,这是给予对方的一种极高的礼遇,来宾必须欣然笑纳。

在称呼方面,在正式场合,他们也采用"先生""小姐""夫人"之类的称呼。在俄罗斯,人们非常看重人的社会地位。因此,对有职务、学衔、军衔的人,最好以其职务、学衔、军衔相称。依照俄罗斯民俗,在用姓名称呼俄罗斯人时,可按彼此之间的不同关系,采用不同的方法。只有与初次见面之人打交道时,或者在极为正规的场合,才有必要将俄罗斯人的姓名的三个部分连在一起称呼。

2. 着装礼俗

俄罗斯人大多讲究仪表,注重服饰。在俄罗斯民间,已婚妇女必须戴头巾,并以白色为主;未婚姑娘则不戴头巾,但常戴帽子。在城市里,俄罗斯人目前多穿西装或套裙,俄罗斯妇女往往还要穿一条连衣裙。

3. 饮食习惯

在饮食习惯上,俄罗斯人讲究量大实惠,油大味厚。他们喜欢酸、辣、咸味,偏爱炸、煎、烤、炒的食物,尤其爱吃冷菜,但食物在制作上较为粗糙一些。俄罗斯以面食为主,他们很爱吃用黑麦烤制的黑面包。除黑面包外,俄罗斯大名远扬的特色食品还有鱼子酱、酸黄瓜、酸牛奶等。

在饮料方面,俄罗斯人很能喝冷饮,具有该国特色的烈酒伏特加是他们最爱喝的酒。此外,他们还喜欢喝一种叫"格瓦斯"的饮料。用餐之时,俄罗斯人多用刀叉,他们忌讳用餐时发出声响,并且不能用茶匙直接饮茶或让其直立于杯中。通常,他们吃饭时只用盘子,而不用碗。参加俄罗斯人的宴请时,宜对其菜肴加以称道,并且尽量多吃一些。俄罗斯人将手放在喉部,一般表示已经吃饱。

（二）主要禁忌

（1）在数目方面，俄罗斯人最偏爱"7"，认为它是成功、美满的预兆。对于"13"与"星期五"，他们则十分忌讳。拜访俄罗斯人时，送给女士的鲜花宜为单数。俄罗斯人主张"左主凶，右主吉"，因此，他们也不允许以左手接触别人，或者以之递送物品。在俄罗斯，被视为"光明象征"的向日葵最受人们的喜爱，它被称为"太阳花"，并被定为国花。

（2）俄罗斯人非常崇拜盐和马。他们对兔子的印象很坏。认为兔子是一种怯弱的动物，尤为若从自己眼前跑过，那便是一种不祥的兆头。他们忌讳黑色，认为黑色是丧葬的代表色，对黑猫则更为厌恶，并视黑猫从自己面前跑过为不幸的象征。

（3）俄罗斯人讲究"女士优先"，在公共场合里，男士往往自觉地充当"护花使者"，不尊重妇女，便会遭人鄙夷。

（4）俄罗斯人忌讳的话题有政治矛盾、经济难题、宗教矛盾、民族纠纷、苏联解体、阿富汗战争，以及大国地位等。

礼仪小知识

俄罗斯人对盐十分崇拜，并视盐为珍宝和祭祀用的供品，认为盐具有驱邪除灾的力量。如果有人不慎打翻了盐罐，或是将盐撒在地上，便认为是家庭不和的预兆。为了摆脱凶兆，他们会将打翻在地的盐拾起来撒在自己的头上。

第三节 美洲主要国家商务礼俗与禁忌

一、美国

美利坚合众国是联邦共和立宪制国家。美国人主要信奉基督教、天主教。语言为英语，是一个移民国家。

（一）商务礼俗

1. 见面礼仪

美国人与客人见面时，一般都以握手为礼。他们习惯手要握得紧，眼要正视对方，微弓身。认为这样才算是礼貌的举止。美国人在社交场合与客人握手时，还有这样一些习惯和规矩：如果两人是异性，要待女性先伸出手后，男性再伸手相握；如果是同性，通常应年长人先伸手给年轻人，地位高的人伸手给地位低的人，主人伸手给客人。他们另外一种礼节是亲吻礼，这是在彼此关系很熟的情况下施的一种礼节。

2. 着装礼俗

美国人不像英国人那样总要衣冠楚楚，他们不太讲究穿戴，穿衣以宽大舒适为原则。春、秋季，美国人一般下身着长裤，上身在衬衣外面再穿一件毛衣或夹克，夏天穿短裤和着短裙者大有人在。但在正式场合，要讲究服饰，注意整洁，穿着西装，特别是鞋要擦亮，手指甲要清洁。

3. 称呼礼俗

在美国,12岁以上的男子就享有"先生"的称号,但多数美国人不爱用先生、夫人、小姐、女士之类的称呼,认为那样太郑重其事了。他们喜欢别人直接叫自己的名字,并认为这是亲切、友好的表示。美国人很少用正式的头衔来称呼别人,正式头衔一般只用于法官、军官、医生、教授、宗教界领袖等人物,尤其是行政职务,美国人从来不以此来称呼。

4. 饮食习惯

美国人在饮食上如同他们的脾气秉性一样,一般都比较随便,没有过多的讲究。但目前他们已越来越重视食品的营养,吃肉的人渐渐少了,海味及蔬菜品种越来越受他们的青睐。他们喜欢生、冷、淡的食物,特别重视菜肴的鲜、嫩,乐于吃凉菜,不喜欢过烫、过热的菜肴,喜欢少盐味,味道忌咸,稍以偏甜为好。

美国人不习惯厨师烹调中多用调料,而习惯在餐桌上备用调料自行调味。他们平时惯用西餐,一般一日三餐中早餐、午餐乐于从简,晚餐是一天的主餐,内容比较丰富,但也不过是一两道菜加上点心和水果。美国人对中餐是普遍欢迎的。他们在使用刀叉餐具方面,一改欧洲人不换手的习惯,喜欢以右手用刀切食品后,再换叉子取食用餐。他们特别愿意品尝野味和海味菜肴,尤其偏爱蛙肉和火鸡。

5. 赠礼礼俗

对于美国人而言,适合赠送礼品的场合非常多,情人节、母亲节、感恩节、圣诞节、新年等各种节庆日都是送礼高峰期,平时亲朋好友和同事的婚丧嫁娶、生日或纪念日、毕业升学、小孩出生、提拔升职等也都是赠送礼品的理由。送东西要送单数,且讲究包装。他们认为蜗牛和马蹄铁是吉祥物。

6. 洽谈礼俗

在进行商务活动时,必须事先预约,最好在即将抵达时,先通个电话告知。在美国,贸然登门是失礼的,必须事先做好约定,即便是给亲朋好友送礼,如果他们事先不知道的话,也不要直接敲门,最好把礼物放在他家门口,然后再通知他自己去取。

美国商人喜欢边吃边谈,一般洽谈活动从吃早点开始,晚上一般不谈生意或作重大决定。同美国人做生意,最重要的原则之一就是态度必须表述清楚,不能模棱两可。美国的商业习惯是每一种产品都要投保,非常重视专利与商标。在美国使用的商标,都要到美国联邦政府进行登记注册,不然商品会被别人冒名顶替。销往美国的商品最好用公司的名称作商标,以便于促销。

美国工会影响力很大,对美贸易应找与工会有一定联系的代理商,这样推销工作有可能做得更好。美国犹太人甚多,要注意当地的犹太人节日。

(二)主要禁忌

(1)美国人忌讳数字"13"和"星期五"。忌用一根火柴或打火机为3个人连续点烟。美国人很重视隐私权,忌讳被人问及年龄、婚姻及收入等个人私事。美国人忌食奇形怪状的食品和动物内脏。

(2)美国人谈话时不喜欢双方离得太近,习惯于两人的身体保持一定的距离。一般应保持在120~150厘米,最少也不得小于50厘米。美国人对握手时目视他方很反感。认为这是傲慢和不礼貌的表示。他们忌向妇女赠送香水、衣物和化妆用品。美国妇女因有化妆的习惯,所以他们不欢迎服务人员送香巾擦脸。

(3) 美国人忌讳有人在自己面前挖耳朵、抠鼻孔、打喷嚏、伸懒腰、咳嗽等。认为这些都是不文明的,是缺乏礼教的行为。若喷嚏、咳嗽实在不能控制,则应同部避开客人,用手帕掩嘴,尽量少发出声响,并要及时向在场人表示歉意。他们忌讳有人冲他伸舌头,认为这种举止是侮辱人的动作。

(4) 美国人讨厌蝙蝠,认为它是吸血鬼和凶神的象征。他们忌讳黑色,认为黑色是肃穆的象征,是丧葬用的色彩。他们特别忌讳赠送带有本公司标志的便宜礼物。

二、加拿大

加拿大位于北美洲北部,除极少数印第安人和因纽特人外,国民多是英、法移民的后裔,土著居民约占3%。加拿大人多数信奉天主教和基督教,其中信奉天主教的占45%,信奉基督教的占36%。加拿大境内多枫树,素有"枫叶之国"的美誉。长期以来,加拿大人对枫叶有深厚的感情,加拿大国旗正中绘有一片红色枫叶,国歌是《枫叶,万岁》。加拿大有"移民之国""粮仓""万湖之国"等美称。

(一) 商务礼俗

1. 见面礼仪

加拿大人在社交场合与客人相见时,一般都行握手礼,亲吻和拥抱礼仅适合熟人、亲友和情人之间。加拿大人的姓名同欧美人一样,名在前,姓在后,他们在作介绍时,一般遵循年龄先少后长,职位先高后低的次序。

2. 着装礼仪

在加拿大,不同的场合有不同的服饰礼仪。在日常生活里,加拿大人的着装以欧洲式为主。参加商务活动,宜穿保守式样西装。在教堂,男性着深色西装,女士则穿庄重的衣裙。在参加婚礼时,男子或穿着西装,或穿便装。

参加社交应酬时,加拿大人照例都要认真进行自我修饰,或是为此专门去美容店。在加拿大,参加社交活动时,男子必须提前理发修面,妇女们则无一例外地要进行适当的化妆,并佩戴首饰,不这样做会被视为对交往对象的不尊重。

3. 餐饮礼仪

加拿大人在食俗上与英美人相似,由于气候寒冷的缘故,他们养成了爱吃烤制食品的习惯,这是他们的独特之处。加拿大人用刀叉进食,极爱食用烤牛排,尤其是八成熟的嫩牛排,习惯在用餐后喝咖啡和吃水果。

4. 仪态礼仪

加拿大人在社交场合一般姿态比较庄重,举止优雅,在交谈时,加拿大人会和颜悦色地向着对方。加拿大人常用两手手指交叉置于桌上等姿态来缓和紧张气氛或掩饰窘态。

5. 商务提醒

在加拿大做生意时,应该因人而异,采取不同方法。例如,和英国后裔商谈时,从进入商谈到决定价格这段时间,是很艰苦的。所以商谈很费时间。法国后裔则恰恰相反,他们非常和蔼可亲,容易接近,对客人很亲切,款待远道而来的客人,无微不至。但是,一旦坐下来,正式进行商谈时,就判若两人,讲话慢吞吞的,难以捉摸。所以,要谈出一个结果来,是很费劲的。因此,即使签订了契约之后,也仍旧会有一些变数。

(二)主要禁忌

(1) 加拿大人忌讳数字"13"和"星期五"。日常生活中忌讳白色的百合花,认为白色的百合花表示死亡,只在开追悼会时才使用。在宴席上,喜用偶数安排座次,忌讳单数,特别忌讳安排13个席次。赴约时要准时,切忌失约。

(2) 将加拿大与美国相比较是加拿大人的一大禁忌。当听到加拿大人自己把加拿大人分为讲英语和讲法语的两部分人时,切勿发表意见,因为这是加拿大国内民族关系的一个敏感问题。

(3) 加拿大人不吃胆固醇含量高的动物内脏,不吃脂肪含量高的肥肉。忌吃腐乳、虾酱以及其他带腥味、怪味的食物。

三、巴西

巴西是南美洲面积最大、人口最多的国家,是世界上种族融合最广泛的国家之一,被人们称为"人种的大熔炉"。巴西是一个天主教国家,首都巴西利亚是新兴的现代化城市,曾获得"世界建筑博览会"的称号。官方语言为葡萄牙语,"巴西"一词便来源于葡萄牙语,意即"红木"。巴西有"宝石之国""可可王国""咖啡王国""天然橡胶国"之称。

巴西是由欧洲人、非洲人、印第安人、阿拉伯人等多种民族组成的国家,但核心是葡萄牙血统的巴西人。另外,由于从西班牙、意大利等南欧国家来的移民在巴西占大多数,因此巴西人的习俗和南欧的习俗非常相似。

(一)商务礼俗

1. 见面礼仪

巴西人性格开朗豪放,待人热情而有礼貌,无论男女,见面和分别时都握手。巴西人在街上相见经常热烈拥抱,妇女们相见时脸贴脸,用嘴发出接吻的声音,但嘴不接触脸。

男性访问者与另一位男性握手的时间应该足够长,不要过早地抽回自己的手。巴西文化中,人们具有较高的接触度。人们相互认识后,两个男士会握手,会相互接触肘部或者前臂,或许还会相互拍拍肩膀或者后背。巴西人在说话时,相互站的很近,并且和谈话的人之间有强烈的眼神接触,也经常打手势表达意思。

称呼巴西男性合作者时,用"先生"再加上他的姓,女性用"夫人"和她的姓。医学博士、律师和大学研究生都被称为"Doctor"。认识不久以后,可以用其名字称呼他们,但是要等到巴西伙伴先用名字称呼我们。

2. 着装礼仪

商务访问时，宜穿保守式样深色西装。通常，男性经理们穿流行的三件套，办公室职员穿两件套。男性访问者应该知道，合适的商业服饰经常会包括长袖衬衫，即使是在夏天也不适合穿短袖衬衫。巴西男士会和穿短袖的男访问者开玩笑，称其为女式衬衫。商业女性应该穿端庄的套装或者礼服，还有衬衫和裙子。女士的衬衫可以是短袖的。男性和女性都应该避免穿黄色和绿色的服装，因为那是巴西国旗的颜色。

3. 饮食习惯

在饮食上，巴西人最爱吃牛肉，尤其爱吃烤牛肉。巴西人以大米为主食，喜欢在油炒饭上撒上蕃芋粉，再加上类似花菜豆的豆子一起食用。吃鱼在巴西人当中还没有完全普及，通常只是在星期五和复活节时有人吃鱼。他们都喜欢吃虾，不过价钱很贵。巴西晚餐时间早则从 8 点开始，晚则于午夜 12 点开始。

4. 商务习惯

在开商务会议时，尤其是在政府办公室，会不断地被打断。在巴西，这不被认为是无礼的或者不适当的行为。访问政府机关或私人机构，均需预约，而且至少应该提前两个星期预约。像大部分拉美人一样，巴西人对时间和工作的态度比较随便，但和巴西商人进行商务谈判时，要准时赴约。

巴西人是很有名"杀价高手"，他们会直接拒绝开价。然而，这样直率并不是有意地想无礼或者发生冲突，他们只是想让对方知道他们的观点。要为漫长的谈判程序留出足够的时间，同时在最初出价时要留足余地，为让步留出空间。在整个谈判过程中，要尽量少沉默，因为巴西人非常热爱交谈。

巴西的办公时间通常是早 9 点到晚 6 点。与巴西管理人员通电话的最佳时段是上午 10 点到中午 12 点，以及下午 3 点到 5 点。不过在圣保罗，全天都可以进行商务洽谈。

5. 其他礼俗

巴西的风俗颇为有趣。例如，男人喜欢在自己的胸前画一只虎以表示英勇，或者在胸前画一支箭以表示自己是最好的射手。他们还把一种稀有的"金桦果"视为幸福的象征。

巴西哥人的生活跟咖啡分不开，一天内喝数十杯咖啡是常见的事。巴西人会见客人时，会请客人喝浓咖啡，用很小的杯子一杯一杯地喝。

巴西的印第安人有一种习俗颇为有趣，即与客人一起洗澡。若有人到他们家中做客，便会邀请客人一起跳进河里洗澡，有时一天要洗上十几次。据说，这是他们对宾客最尊敬的礼节，而且洗澡次数越多，表示对宾客越客气、越尊重。

（二）主要禁忌

（1）在巴西，紫色表示悲哀，黄色表示绝望。他们认为人死好比黄叶落下，所以忌讳棕黄色。另外，他们还认为深咖啡色会招来不幸，非常讨厌这种颜色。

（2）巴西人忌用拇指和食指连成圆圈与其他三个手指向上伸出（即"OK"手势），他们认为这是粗俗和猥亵的手势。和巴西人打交道时，若主人不提起工作，便不要抢先谈工作。客人应避开涉及当地民族的玩笑，对当地政治问题最好闭口不谈。

(3) 就餐时不要用叉子的一侧去切东西,不要用手拿食物。虽然巴西人很健谈,但是他们不喜欢在吃饭的时候说很多的话。在上咖啡之前,先等待,不要谈论生意。

四、墨西哥

墨西哥是一个联邦共和制国家,是拉丁美洲第二人口大国,拥有现代化的工业与农业。墨西哥古印第安人培育出了玉米,故墨西哥有"玉米的故乡"之称。墨西哥在不同历史时期还赢得了"仙人掌的国度""白银王国""浮在油海上的国家"等美誉。墨西哥多于90%的居民皆为白人与当地土著居民通婚所生的后裔。墨西哥的主要宗教是天主教。

(一) 商务礼俗

1. 见面礼仪

墨西哥人在社交场合最常用的礼节是微笑和握手礼。墨西哥人与熟人、亲戚、朋友或情人相见,一般都惯行亲吻礼和拥抱礼。他们在赴约时,一般都不习惯准时到达,而是迟到15分钟至半小时,他们把这样看成是一种礼节风度。他们和朋友告别时,有送一张弓、一支箭或几张代表神灵的剪纸的习惯,以表示他们对朋友的美好祝愿。

2. 着装礼仪

墨西哥男子平时习惯戴一种宽沿的大草帽,穿着长条式的方格衬衫,有的还穿着紧身裤,妇女一般爱穿西装上衣和长裙,几乎人人都习惯披着彩色的披肩。他们认为这样搭配的穿着,显得鲜艳和漂亮。

3. 饮食习惯

墨西哥瓦哈卡州一带的印第安人,在款待尊贵的客人时,会拿出他们最喜爱的高贵食品"油炸蚂蚁"让客人品尝,他们认为这样才能表达自己的心情。墨西哥的土著阿斯特克人视青蛙、蝌蚪、龙舌兰虫、虾、蚂蚁、蟋蟀、水蝇、蝇卵等为美味食品。他们在饮食上不喜欢油腻的菜品和用牛油烹调的菜肴,也不愿意吃用鸡油做的点心。

墨西哥是玉米之乡,许多人喜欢喝玉米面粥,吃玉米面饼,无论是穷人还是富人,都视之为美味。他们款待外国宾客时,往往要上一道独具特色的家乡美味仙人掌佳肴,墨西哥盛产辣椒,墨西哥人也特别喜欢吃辣椒,甚至在吃水果时,都乐于撒上点辣椒面。

(二) 主要禁忌

(1) 墨西哥人忌讳"13""星期五",认为这些都是不吉利的数字和日期。他们忌讳有人送给他们黄色或红色的花,他们认为黄色意味着死亡,红色花会给人带来晦气。他们忌讳紫色,认为紫色是一种不祥之色,因为只有棺材才涂这种颜色。他们忌讳蝙蝠及其图案和艺术造型,因为他们认为蝙蝠是一种吸血鬼,给人以凶恶、残暴的印象。

(2) 常用亲吻方式施礼,但却忌讳相互不熟悉的男子之间亲吻或吻手,他们认为只有没教养的人才会这样做。墨西哥人忌讳用中国人惯用的手势来比画小孩的身高,因为用手心朝下,与地面平行地比画在小孩头部的位置,在他们看来,这一手势只可用来表示动物的高度,他们会认受到侮辱。

第四节　非洲及大洋洲主要国家商务礼俗与禁忌

一、埃及

埃及地跨非、亚两洲,有"金字塔之国""尼罗河的礼物""棉花之国""长绒棉之国""文明古国"的美称。人口以阿拉伯人为主。伊斯兰教为国教。阿拉伯语为国语,在饭店、观光地区及一般商务活动中通行英语,受教育阶层大部分懂英语和法语。埃及人的交往礼仪既有民族传统的习俗,又通行西方人的做法,上层人士更倾向于欧美礼仪。

(一) 商务礼俗

1. 见面礼仪

埃及人所采用的见面礼仪,主要是握手礼。与其他伊斯兰国家的交往禁忌相同,同埃及人握手时,最重要的是忌用左手。除握手礼之外,埃及人在某些场合还会使用拥抱礼或亲吻礼。埃及人在社交活动中,跟交往对象行过见面礼节后,往往要双方互致问候。为了表示亲密,埃及人只要有时间,问候起交往对象来,往往会不厌其烦,除个人隐私问题之外,当时所能想到的人和事,他们几乎都会一个不漏地问候一遍。他们的这种客套,有时会长达几分钟,甚至十几分钟。

2. 着装礼仪

埃及人的穿着主要是长衣、长裤和长裙。短、薄、透、露的奇装异服,埃及人通常是不愿问津的。埃及的下层平民,特别是乡村中的农民,平时主要还是穿着阿拉伯民族的传统服装——阿拉伯大袍,同时头缠长巾,或是罩上面纱。埃及的乡村妇女很喜爱佩戴首饰,尤其讲究佩戴脚镯,她们还喜欢梳辫子,并且习惯于将自己的发辫梳成单数,在每根辫子上还要系上三根黑色丝线,再挂上一小块薄薄的金属片。

但在大城市中,尤其是在政界、商界、军界、文化界、教育界,埃及人的穿着打扮早已与国际潮流同步。西服、套装、制服、连衣裙、夹克衫、牛仔裤,在埃及城市的街头巷尾处处可见。

3. 饮食习惯

埃及人通常以不用发酵的面包为主食,进餐时与煮豆、白乳酪、汤类一并食用。副食主要有羊肉、鸡肉、鸭肉、鸡蛋以及豌豆、南瓜、胡萝卜、土豆等,口味清淡、甜香。埃及人喜吃甜食,正式宴会或富有家庭正餐的最后一道菜都是甜食。蚕豆是必不可少的一种食品,其制作方法多种多样,制成的食品也花样繁多。用餐的时候,埃及多以手取食。在正式一些的场合,他们也惯于使用刀、叉和勺子。用餐之后,他们一定要洗手。

4. 商务习惯

在埃及,社交聚会举办时间比较晚,晚宴一般要到晚上10点半或更晚些才开始。如应邀去吃饭,可以带些鲜花或巧克力作为礼品。埃及人很欢迎外国人的访问,并引以为荣,但异性拜访是禁止的。和埃及人交谈可选择与埃及的进步与成就有关的、与埃及的古代文明有关的话题。埃及商人时间观念较差,很少能按照约定的时间行事。

(二) 主要禁忌

(1) 埃及人一般都遵守伊斯兰教教义,忌食猪肉,不经阿訇诵经宰杀的其他动物的肉也不吃,忌讳饮酒。埃及人在用餐时,有两点禁忌:其一,忌用左手取食;其二,忌在用餐时与别人交谈。他们认为那样会浪费粮食,是对真主的大不敬。

(2) 在送给别人礼物或是接受别人礼物时,要用双手或者右手。埃及人讨厌打哈欠,认为哈欠是魔鬼在作祟。

(3) 埃及人忌讳缝衣"针"。在埃及,下午5点之后,商人绝不卖针,人们也不买针。

(4) 埃及人忌讳黑色与蓝色,禁穿有星星、猪、狗、猫以及熊猫图案的衣服,有星星图案的包装纸也不受欢迎。

(5) 埃及人禁忌"13",认为它是消极的。在数字方面,"5"与"7"深受埃及人的青睐。在他们看来,"5"会带来吉祥,"7"则意味着完美。

(6) 埃及人最喜爱被称为"吉祥之色"的绿色与"快乐之色"的白色。埃及人十分热爱莲花。他们不仅将其称作"埃及之花",而且正式将其定为国花。在埃及,橄榄石最受喜爱,并被定为埃及的国石。埃及人将"葱"视为真理的象征,当进行争论时,如把一束大葱高高举起,则表示真理在手,胜利在望。

(7) 与埃及人交谈时,应注意下述问题:一是男士不要主动找妇女攀谈;二是切勿夸奖埃及妇女身材窈窕,因为埃及人以体态丰腴为美;三是不要称道埃及人家中的物品,在埃及这种做法会被人理解为索要此物;四是不要与埃及人讨论宗教纠纷、中东政局以及男女关系。

(8) 埃及人在工作中对小费极为重视,并且将其作为日常收入的重要组成之一。在埃及不给人小费,往往会举步维艰。

二、南非

南非因地处非洲最南部而得名,素有"彩虹之国"和"黄金宝石之国"之誉。南非是世界上唯一同时存在三个首都的国家,分别是行政首都比勒陀利亚、立法首都开普敦、司法首都布隆方丹。在人口构成上,南非人可以分为黑人、白人、有色人与亚洲人四大种族。南非的官方语言为英语,主要宗教是基督教,国石是钻石。

(一) 商务礼俗

南非社交礼仪可以概括为"黑白分明""英式为主"。"黑白分明"是指受到种族、宗教、习俗的制约,南非的黑人和白人所遵从的社交礼仪不同;"英式为主"是指在很长的一段历史时期内,白人掌握南非政权,白人的社交礼仪特别是英国式社交礼仪广泛地流行于南非社会。

1. 见面礼仪

在社交场合,南非人普遍采用的见面礼节是握手礼,他们对交往对象的称呼主要是"先生""小姐"或"夫人"。

南非黑人对自己的传统情有独钟,有些黑人行拥抱礼,有些行亲吻礼,有些则行独特的握手礼,即先用自己的左手握住自己的右手腕,再用右手去与人握手,如果是特别亲热者,则先握一下他的手掌,然后再握对方的拇指,最后紧紧握一下他的手。女子相见,双膝微屈,行屈膝礼。

在黑人部族中,尤其是广大农村,南非黑人往往会表现出与社会主流不同的风格。例如,他们习惯以鸵鸟毛或孔雀毛赠予贵宾,客人此刻得体的做法是将这些珍贵的羽毛插在自己的帽子上或头发上。

2. 着装礼仪

在城市,南非人的穿着打扮已基本西化。在正式场合,他们都讲究着装端庄、严谨。因此,进行官方交往或商务交往时,最好穿样式保守、色彩偏深的套装或裙装,否则会被对方视为失礼。南非黑人通常还有穿着本民族服装的习惯,不同部族的黑人,在着装上往往会有自己不同的特色。

3. 餐饮习惯

南非白人平日以吃西餐为主,经常吃牛肉、鸡肉、鸡蛋和面包,爱喝咖啡与红茶。南非黑人喜欢吃牛肉、羊肉,主食是玉米、薯类、豆类,不喜生食,爱吃熟食。南非著名的饮料是如宝茶。在南非黑人家做客,主人一般会送上刚挤出的牛奶或羊奶,或者自制的啤酒,客人一定要多喝,最好一饮而尽。

(二) 主要禁忌

(1) 信仰基督教的南非人,忌讳数字"13"和"星期五"。

(2) 南非黑人非常敬仰自己的祖先,他们特别忌讳外人对自己的祖先言行失敬。

(3) 跟南非人交谈,下列几个话题不宜涉及:一是不要评论不同黑人部族或派别之间的关系及矛盾;二是不要非议社会;三是不要非议黑人的古老习惯。

礼仪小知识

在南非、埃塞俄比亚等非洲国家还有个迷信,那就是在跟当地人交谈或碰面的时候,不能目不转睛地瞪着对方,这么做,对方一定会大感不悦。有趣的是,在非洲,握手用力的程度跟对方好意的程度是成正比的,最好握得他们感觉到疼痛。

三、澳大利亚

澳大利亚有"骑在羊背上的国家""牧羊之国""坐在矿车上的国家""岛大陆""南方大陆""古老土地上的年轻国家""淘金圣地"等别称。居民主要信奉基督教、天主教。澳大利亚为英联邦成员国,英国女王为澳大利亚国家元首。

（一）商务礼俗

1. 见面礼仪

澳大利亚人见面习惯于握手，不过有些女子之间不握手，女友相逢时常亲吻对方的脸。澳大利亚人大多名在前、姓在后，称呼别人先说姓，再接上"先生""小姐"或"太太"等，熟人之间可称小名。澳大利亚有些土著居民，握手方式为两人中指相互勾住，而不是全掌相握。

2. 着装礼仪

男子多穿西服，打领带，在正式场合打黑色领结，女子一年中大部分时间都穿裙子，在社交场合则套上西装上衣。无论男女都喜欢穿牛仔裤，他们认为穿牛仔裤方便。土著居民往往赤身裸体，或在腰间扎一条围巾，有些地方的土著人则把围巾披在身上，他们的装饰品往往丰富多彩。

3. 饮食习惯

澳大利亚人在饮食上以吃英式西菜为主，口味清淡，不喜油腻。澳大利亚的食品素以丰盛和量大而著称，常有大量的动物蛋白质。他们爱喝牛奶，喜食牛肉、猪肉等。他们爱喝啤酒，对咖啡也很感兴趣。

4. 商务习惯

澳大利亚人自古至今，一直严守"周日做礼拜"的习惯。一般欧美国家人士，周日清早会去打高尔夫球，有时候，还利用打球的时间谈亿万元的生意合约，球场上就能"一言为定"。但若想在澳洲人身上用这一招，保证不管用，要避免在周日上午约他们。

澳大利亚人时间观念很强，会见必须事先联系并准时赴约。澳大利亚员工下班时间一到，就会即刻离开办公室。商务活动最好于3月至11月进行，12月至次年2月为休假期。在圣诞节及复活节前后一周不宜安排商务活动。

（二）主要禁忌

（1）澳大利亚与英国禁忌基本相仿。忌讳兔子，因而以兔子图案为商标的商品会受到冷落。忌讳数字"13"和"星期五"。

（2）忌讳过分自谦的客套语言，这被认为是虚伪、无能或看不起人的表现。

（3）澳大利亚人在饮食上不吃辣味，个别人也不吃酸味。伊斯兰教徒恪守教规，禁食猪肉，不使用猪制品。

【即学即练】

★ 基本知识

一、判断题

1. 一位中国女士赴意大利参加商务活动，看到中国杭州的丝绸手帕非常漂亮，认为她的贸易伙伴一定会喜欢，就买了一些送给她的客户。　　　　　　　　　（　　）

2. 埃及人在用餐时,忌用右手取食。   （   ）

3. 王先生去俄罗斯进行商务活动,俄罗斯商人非常热情,交谈也很顺利,活动过程中对方宴请了王先生,在宴会上,因王先生对历史很熟悉,就和对方讨论苏联解体的问题。
                                                           （   ）

4. 张小姐去泰国谈业务,过程中有宴会,泰国的商务伙伴的小孩刚好也来参加,张小姐非常喜爱小朋友,就用手摸了摸这位泰国小朋友的头。   （   ）

5. 澳大利亚人自古至今,一直严守着在周日做礼拜的习惯。   （   ）

6. 去巴西进行商务访问,男性访问者应该穿合适的商业服饰,一般是长袖衬衫,但是在夏天也可以穿短袖衬衫。   （   ）

7. 去德国进行商贸活动,交谈时尽量说德语,或携同译员同往。商人多半会说一些英语,但使用德语会令对方高兴。   （   ）

二、选择题

1. (单选)商务礼仪交往中世界上各个国家的礼仪标准大不相同,我们应该做的是(   )。

　　A. 以各国标准为主,交往中哪个是主方就参照哪个国家的礼仪标准
　　B. 以综合国力为主,交往中那个国家强就参照哪个国家的礼仪标准
　　C. 经过不断的磨合和交流寻求一套大家认可的礼仪规则系统
　　D. 以上说法都不正确

2. (单选)日商在倾听对方阐述意见时一直点头,这(   )。

　　A. 仅仅是表示他已经听见了你的话
　　B. 表示他同意你的主张和看法
　　C. 表示他不同意你的主张和看法
　　D. 表示他听到了你的话并同意你的主张和观点

3. (多选)(   )国家忌讳数字"13"和"星期五"。

　　A. 英国　　　　　B. 美国　　　　　C. 加拿大　　　　　D. 泰国

4. (单选)印度人见面,经常行(   )。

　　A. 合十礼　　　　B. 握手礼　　　　C. 亲吻礼　　　　　D. 摸手礼

5. (单选)(   )人时间观念很不强,经常会出现迟到的现象。

　　A. 英国　　　　　B. 意大利　　　　C. 印度　　　　　　D. 美国

三、简答题

1. 你认为应如何对待不同国家的习俗礼仪?
2. 谈谈如何走访外商。

★ 案例分析

王先生是国内一家大型外贸公司的总经理,为一批机械设备的出口事宜,携秘书韩小姐赴伊朗参加最后的商务洽谈。王先生一行在抵达伊朗的当天下午就到交易方的公司进行拜访,正巧遇上他们祷告时间。主人示意他们稍作等候再进行会谈,以办事效率高而闻名的王先生对这样的安排表示出不满。

东道主为表示对王先生一行的欢迎,特意举行了欢迎晚会。秘书韩小姐希望以简洁、脱俗的服饰向众人展示中国妇女的精明、能干、美丽、大方。她上穿白色无袖紧身上衣,下穿蓝色短裙,在众人异样的目光中步入会场。为表示敬意,主人向每一位中国来宾递上饮料,当习惯使用左手的韩小姐很自然地伸出左手接饮料时,主人立即改变了神色,并很不礼貌地将饮料放在了餐桌上。令王先生一行不解的是,在接下来的会谈中,一向很有合作诚意的东道主没有再和他们进行任何实质性的会谈。

问题:
王先生和韩秘书的这次会谈为什么不成功?

★ 技能实训

一、实训项目

以个人为单位,请学生讲解他所了解的某个国家的商务礼仪小知识或小故事。

二、实训目标

通过训练,使学生掌握商务礼仪的原则、商务礼仪的作用,学习商务人员应具备的素质。

三、实训内容及步骤

(1)每个学生选择一个感兴趣的国家或地区。

(2)学生通过自我学习、搜集资料、制作PPT。

(3)学生在课堂上演示PPT,讲解他所了解的某国的风土人情、风俗习惯等。

四、考核方式

教师依据评价指标打分。

评价内容	分值	评分
基本知识能力水平	20	
礼仪运用能力	30	
分析问题能力	10	
PPT演示能力	10	
学习态度	10	
成果展示	20	

参 考 文 献

[1] 吴新红. 商务礼仪[M]. 2版. 北京：化学工业出版社,2015.
[2] 姚伟,张东红. 现代商务礼仪[M]. 北京：人民邮电出版社,2011.
[3] 李霞. 商务礼仪实务[M]. 北京：清华大学出版社,北京交通大学出版社,2009.
[4] 徐幢. 商务礼仪[M]. 芜湖：安徽师范大学出版社,2012.
[5] 李巍. 商务礼仪[M]. 北京：北京大学出版社,中国农业大学出版社,2009.
[6] 张建宏. 现代商务礼仪教程[M]. 北京：国防出版社,2011.
[7] 张宏亮,陈琳. 商务礼仪与实训[M]. 北京：北京大学出版社,2009.
[8] 崔海潮. 商务礼仪[M]. 北京：北京师范大学出版社,2013.
[9] 钟立群,王炎. 现代商务礼仪[M]. 北京：北京大学出版社,2010.
[10] 魏凯林. 实用商务礼仪[M]. 北京：清华大学出版社,2017.
[11] 金丽娟. 商务礼仪[M]. 北京：北京大学出版社,2011.
[12] 王开田,孙剑,周文. 商务礼仪[M]. 长春：吉林大学出版社,2017.
[13] 谢迅. 商务礼仪[M]. 北京：对外经济贸易大学出版社,2007.
[14] 张莹,张晓艳. 商务礼仪[M]. 北京：北京航空航天大学出版社,2011.
[15] 黄琳. 商务礼仪[M]. 4版. 北京：机械工业出版社,2019.
[16] 许爱玉. 现代商务礼仪[M]. 杭州：浙江大学出版社,2006.
[17] 田芳. 商务礼仪[M]. 长沙：湖南人民出版社,2018.
[18] 赵敏. 商务礼仪[M]. 北京：中国此致出版社,2017.
[19] 王玉苓. 商务礼仪[M]. 2版. 北京：人民邮电出版,2018.
[20] 胡晓涓. 商务礼仪[M]. 3版. 北京：中国人民大学出版社,2018.
[21] 孙金明,王春凤. 商务礼仪实务：附微课视频[M]. 北京：人民邮电出版社,2019.
[22] 程娟. 商务礼仪[M]. 成都：四川大学出版社,2017.
[23] 窦然. 国际商务谈判[M]. 上海：复旦大学出版社,2015.
[24] 史锋. 商务礼仪[M]. 2版. 北京：高等教育出版社,2012.
[25] 李月华,周一萍. 商务礼仪[M]. 武汉：华中科技大学出版社,2012.
[26] 张晋. 商务礼仪[M]. 北京：化学工业出版社,2008.
[27] 杨丽. 商务礼仪[M]. 北京：清华大学出版社,2010.